KB142213

내가 좋은 날보다 싫은
날이 많았습니다 ━━━━━

내가 좋은 날보다 싫은 날이 많았습니다 ▬▬▬▬

변지영 지음

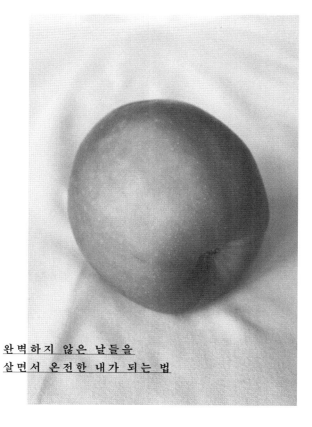

완벽하지 않은 날들을
살면서 온전한 내가 되는 법

비아이비
B.able
2

슬픔이 곧 나인 줄 알았다.
그것은 나의 부분일 뿐, 전부는 아닌데….

그동안 잘 몰랐던 나를 들여다본다.
낯설지만 반가운 나.

나는 매일 조금 더
선명해진다.

차례

내가 알고 있는 나는 내가 아니다 ───── 1.

마음은
원래 비어 있다 ━━━━━━━━━━━━ 5。

더 이상 의지 때문에 애쓰지 말 것 ──────── 6。

쓸데없이 나를 괴롭히던
밤은 지나가고

"내가 나인 줄 알고 있었는데, 내가 아닐 때, 나는 요괴다.
네가 너인 줄 알고 있었는데, 네가 아닐 때, 너는 요괴다.
우리가 우리인 줄 알고 있었는데 우리가 아닐 때, 우리는
요괴다."[1]

문학평론가 김현 선생의 일기에 실린 구절이다. 나는 이 문
장들을 여러 번 읽어 보았다. '내가 나인 줄 안다는 것' 혹은
'나답다고 여기는 것'은 어떻게 가능한 것일까? 우리는 무엇
을 기준으로 '여기까지는 나'이고 '여기부터는 내가 아니다'
라고 말하는 것인가?

우리 안에는 많은 부분들이 있다. 어떤 면은 우리가 남들 앞
에 내세울 만하거나 스스로 괜찮다고 여기기 때문에 드러내
며, 어떤 면은 부끄럽게 여기거나 없어졌으면 하기 때문에

뒤로 밀어 넣는다. 한편 자신의 일부라고 인정하고 싶지 않아서 전혀 의식하지 못하는 면들도 있다.

내 것으로 받아들이기는커녕 인정도 하고 싶지 않은데 뭔가 스멀스멀 불편하게 올라오는 느낌이 있을 때 우리는 재빨리 도망가려 한다. 호랑이의 존재를 알아차리자마자 부리나케 달아나는 사슴처럼, 몸 안에 일어나는 불쾌감, 찝찝함, 불안 혹은 우울, 뭔가 부정적인 느낌 같은 것들을 간단히 꺼내어 버릴 수만 있다면, 인류는 기꺼이 그러한 기술을 개발했을 것이다. 하지만 안타깝게도 그런 방법은 없다. 그래서 사람들이 가장 많이 선택하는 것은 외면하거나 회피하는 것이다. 기분이 나빠지려 할 때 사람들은, 자신도 모르게 스마트폰을 꺼내어 동영상을 보거나 TV를 켜놓고 우걱우걱 뭔가를 먹는다. 혹은 나를 기분 나쁘게 한 사람을 떠올리며 비난하고 원망하거나, 머릿속에서 복수의 시나리오를 펼친다. 아니면 친구에게 전화를 걸어 내가 당한 일에 대해 하소연함으로써 주의를 전환하고 '내가 이상한 사람이 아님'을 확인받으려 애쓴다. 이러한 것들은 모두 '내게 일어난 부정적인 경험'을 빨리 떼어내기 위한 전략이자 전술이다.

그런데 이런 회피가 반복될수록 해결되는 것은 없고, 더 쉽게 지치지 않는가? 많은 사람이 긍정적인 감정을 느끼면 잘 살고 있는 것이고, 부정적인 감정이 들면 뭔가 잘못 살고 있다고 여긴다. 그러다 보니 불쾌하거나 불편한 내적 경험에 대해 들여다볼 여유가 없이, 최대한 빨리 없애거나 줄일 수 있는 방법을 찾는다. 매번 기분전환이 필요하고, 짧은 그 순간을 연장하기 위해 끊임없이 분주하다.

심리상담과 명상은, 그동안 외면해온 부정적인 내적 경험에 머무르는 연습을 하는 것이다. 빨리 떨치거나 억압하는 것이 아니라, 있는 그대로 함께하며 불편함의 무게를, 질감을 좀 견뎌보는 것이다. 이런 연습을 하다 보면 세 가지 이득을 얻을 수 있다. 우선, 통제하려는 노력을 더 이상 하지 않아도 된다. 나쁜 감정이 일어날 때, 떨치지 않고 내버려두면 서서히 알게 된다. 오면 오는 대로 가면 가는 대로 내버려두면 된다는 사실을. 그러면 우울이나 불안이 밀려오는 것 같더라도 그것을 이겨내려고 애를 쓸 필요가 없게 된다. 둘째, 생각으로 감정을 덮지 않고, 있는 그대로 경험함으로써 새로운 관점으로 삶을 바라보게 된다. 심리적 유연성이 커지기 때문에 통제가 안 되는 상황이나 갈등 국면에서도 일을 잘 해결할 수 있는 여지가 생긴다. 셋째, 그런 과정을 통해 자기 자신에 대한 이해가 깊어지고, 자신과 더욱 깊게 연결된다. 강렬하게 다가오는 부정적인 감정들을 완전히 뚫고 지나가지 않고서 자신에 대해 아는 방법은 없다.

우리 대부분은, '나'에 대해, '너'에 대해, 혹은 '우리'에 대해 이미 알고 있다고 생각한다. 알고 있다고 생각하기 때문에 배우지 못한다. 하지만 시시각각 변하는 존재를 어떻게 '이미' 알 수 있단 말인가? 내가 어떠어떠하다, 당신이 어떠어떠하다고 말하지만 그것은 이미 과거에 대한 분석이다. 당신이 누군가에 대해 알고 있다고 생각하는 것이란, 아침이 되면 빠져나가는 머리카락에 불과할지도 모른다. 어떤 의미로 우리는 결코 나를, 너를, 우리를 알지 못한다.

많은 사람이 삶의 목적을 찾기 위해 방황한다. 하지만 자기 자신과 깊게 연결되지 않은 상태에서 삶의 목적이나 의미를 발견하기란 불가능하다. 자신과 연결되지 못한 사람들은 타인과 연결되지 못하며, 세상과 연결되지 못해 이리저리 겉돌다가 지쳐버리기 때문이다. 이 책은 자신 안의 다양한 부분들을 탐색하고 만나고, 통합하며 깊게 연결되기까지의 여정에 대한 안내서다. 단 한 문장이라도 읽는 분의 마음에 불꽃을 일으킬 수 있길 바라는 마음을 담아 썼다. 더 이상 자신 스스로를 괴롭히느라 밤을 지새우지 않기를. 이 책을 다 읽고 났을 때쯤 여러분은 이 질문에 대한 답을 얻었으면 좋겠다.

나인 것은 무엇이고
내가 아닌 것은 무엇인가?

내가 알고 있는 나는
내가 아니다————————————

세상이 어떠어떠하다고 말하면서
그것이 현실이라고 생각할 때,
그것은 실제 현실이 아니다.
그것은 자기 자신에 대한 생각이다.[2]

_ 스즈키 순류

나를 안아주는 것은
나 자신

내가 내 마음에 들었으면 좋겠다. 좀 괜찮아 보이고 싶은데 성에 차지 않는다. 그 이유는 뭘까?

우리는 누군가가 나를 정말 있는 그대로 알아봐주고 인정해 주고, 조건 없이 사랑해주기를 바란다. 그 '누군가'를 찾아다니면서 인생의 많은 시간을 허비한다. 나를 있는 그대로 보지도 못하면서, 누군가가 나 대신 나를 그렇게 고르게 봐주리라 기대한다. 그래서 친구나 연인, 배우자, 가족에게 기대하고 실망하기를 반복한다. 소속감을 주는 모임이나 조직을 찾아다니며 자신의 결핍을 채우고 존재감을 확인받고자 애쓴다. 실체가 없는 욕망, 뿌리 없는 기대감이기 때문에 갈증은 끝이 없다.

갈증에 속으면, 그것이 진짜라고 믿게 된다. 하지만 기대감을 내려놓아야 진실이 보인다. 나보다 더 나은 것이 바깥에

있다고 믿거나 내 안에 해결될 수 없는 결핍이 있다고 믿는
사람은, 더더욱 자기 자신을 보지 않는 법이다.

여러분은 아직 그 누군가를 만나지 못한 게 아니다.
당신이 알지 못하는 자기 자신에 대해 더 잘 알아주거나,
당신이 외면하는 것을 당신 대신 품어주거나,
당신이 미워하는 자신을 조건 없이 사랑해주는 그런 존재는
없다.
확실히 없다는 것을 알아차리면 어디로 시선을 돌리게 될
까?
바깥의 다른 존재가 아니다.
바로 자기 자신이다.

나는 어떠어떠한 사람이라고
정의하는 것

흔히 자기 자신을 아는 게 중요하다고 말한다. 그래서 성격
검사를 비롯한 이런저런 심리검사를 하면서 자신에 대한 정
보를 모아본다. 이런가? 저런가? 몇 개의 단어나 특성으로
자신을 정리하고 분석하려고 한다. 하지만 몇 가지 용어들과
해석된 문장들로 자신을 정리하고 나면 과연 자신에 대한 이
해와 파악이 끝나는 것일까? 자신의 유형을 알아냈고 웬만
한 문제들에 대한 원인도 다 정리했는데 그런데도 마음이 불
편하고 감정적 어려움이 일어난다면, 그것은 또 왜 그럴까?
무엇을 더 알아야 할까?

나는 어떠어떠한 사람이고 그래서 주변의 어떠어떠한 사람
과 맞고 어떠어떠한 사람과는 맞지 않는다. 내 성격은 이렇
고 취향은 이렇다. 나에 대해 몇 개의 단어나 구절로 설명하
면서 우리는 일관되지 않은 정보들을, 자신도 모르는 사이에
잊거나 제거한다. 자기소개서에 "침착하면서도 경솔하고,

게으르면서도 성실하고, 외향적이면서도 내성적"이라고 쓰는 사람은 없을 것이다. 우리는 대개, 자기 자신에 대한 정보를 일관되게 한 방향으로 통일해서 갖기를 선호한다. 그래야 뭔가 자신을 파악한 것 같고, 미래의 행동에 대해 예측하거나 통제하기 쉬울 것처럼 느껴진다. 특히 일관성 있게 긍정적인 면을 부각하고 싶어 한다.

하지만 그럼에도 불구하고, '일관되지 않은' 부분들과 '긍정적이지 않은' 부분들이 없어지는 것은 아니다. 당신 안에 여전히 살아 있다.

오히려 이 점을 받아들이면, 그것만으로도 마음속 흔들림이 줄어든다.

삶이란 깜깜한 겨울밤도 찬란한 여름 한낮도 아니다. 삶의 계절과 날씨는 내가 겪어내는 온도에 따라 달라진다.

앞으로의 시간들이 기대되지 않는가?

자존감이 낮은 게 아니라
그렇게 생각하는 부분이 있을 뿐

"저는 게을러요"라는 말은 "제 안에 게으른 부분이 있어요"라는 말이다.
"저는 질투가 심해요"라는 말은 "제 안에 질투하는 부분이 있어요"라는 뜻이다.

두 상황 모두 '게으름'과 '질투'를 문제로 여기는 다른 부분이 있기 때문에 이렇게 말할 수 있다.
만약 당신이 게으름 그 자체라면, 당신은 게으르다는 것을 알아차릴 수 없으므로 문제시하지 않을 것이다. 당신이라는 존재 전체가 질투에 눈이 멀어 있다면, 오직 질투 속에 빠져 자신이 질투가 심하다는 것조차 알아차리지 못할 것이다.

이를 두고 에크하르트 톨레는 이렇게 말했다.

"내 머릿속에서 들려오는 목소리는 내가 아니다. 그렇다면 나는 누구인가? 그것을 알아차리는 자다."

나 자신이 어떠어떠하고 내게 어떤 문제가 있다고 말한다는 것 자체가 이미 그 '문제'가 하나의 부분이라는 사실을 보여준다. 어떤 특성도 곧 나 전체는 아니다. 그렇다면 내게 드러난 '문제' 말고 또 다른 부분들은 어떨까? 이것은 우리 안의 다양한 부분들을 탐험하기에 매우 좋은 질문이 된다.

어떤 특성도 곧 나 전체는 아니다. 그렇다면 다른 부분들은 어떨까?
이것은 우리 안의 다양한 부분들을 탐험하기에 매우 좋은 질문이 된다.

당신을 차별하는 것은
정작 당신이다

우리는 대체로 자기 안의 어떤 면은 좋아하고 어떤 면은 싫어한다. 남들 앞에 내놓기 좋아하는 부분을 내세우려고 하고, 부끄러운 부분은 숨기려 하거나 없는 것처럼 생각하기도 한다. 이런 판단과 차별 때문에 자기 자신과 깊게 연결되기 어렵다. 부모나 친구, 연인은 나를 있는 그대로 조건 없이 사랑하기를 원하면서도, 정작 자기 자신에 대해서는 지극히 조건을 달며 사랑한다.

자기 자신의 어떤 부분을 없애거나 제거하려 들면 타인에게 자신을 있는 그대로 제시할 수가 없다. 어색하고 힘들어진다. 그 부분을 감추기 위해 노력해야 하고 혹시라도 들킬까 봐 전전긍긍하게 된다. 그래서 평소에 사람들 앞에서 힘이 많이 들어가고 경직되어 결국 대인관계가 힘들고 불편해진다.

자기 자신을 바로 보아야 타인도, 세상도 바로 보인다. 내 안의 다양한 부분들에 대해 평가하고 차별하면서 타인을 있는 그대로 사랑하기는 어렵다. 자신의 어떤 부분을 좋아하고 어떤 부분은 싫어하면서, 누군가가 자신을 무조건적으로 받아주고 사랑해주기를 바라는 것도 곤란하다. 그런 일은 일어나지 않는다.

부분들에 대처하는
우리의 자세

내게 어떤 감정이나 욕망, 생각, 믿음, 감각경험 등이 일어났을 때 그것들은 대개 부분들로부터 나온다. 외로워하거나 슬퍼하고, 누군가가 보고 싶거나 혹은 보기 싫어서 괴롭고, 왜 저 사람은 저렇게 행동하는지 판단하고, 갑자기 울컥하면서 얼굴이 시뻘게지거나, 생각이 많아져 머리가 무겁고…. 이런 경험들은 모두 부분들의 것이다. '전체로서의 나'에게서 나오는 것이 아니다.

당신이 우울한 것이 아니라, 당신에게 우울한 부분이 있을 뿐이다. 당신이 수치심으로 꽉 찬 것이 아니라, 당신 안에 수치심을 느끼는 부분이 있을 뿐이다. 누군가를 좋아하거나 미워하는 감정도 어떤 부분에서 나온다.

당신이 아무리 강렬한 감정에 시달린다 하더라도, 그것이 당신의 온 존재, 혹은 참자기에서 비롯되는 게 아니라는 사실을 염두에 두는 것이 필요하다. 그러한 사실을 잊지 않는다면, 때때로 겪게 되는 커다란 상실감도, 비참한 느낌도, 고통스러운 생각도 효과적으로 다룰 수가 있다.

존재감을 확인받고 싶은 이유

K는 말했다. 자신의 견해가 회의에서 받아들여지지 않았을 때, 그는 일단 회의를 접고 뒷날 다시 회의하자고 제안한다고. 그는 그 시간 동안 다시 자기 논리를 정비하고 싸우러 갈 준비를 한다고 했다. 그렇게 두 번, 세 번을 주장하면 대체로 자신의 생각대로 프로젝트가 움직인다.

그가 그렇게 자신의 견해에, 관점에 집착하는 이유는 그게 자신의 존재라고 여기기 때문이다. 많은 시간과 공을 들여 준비한 생각과 계획들이, 곧 자기의 일부라고 여기기 때문이다.

그의 이야기를 들으며 깨달았다. **그가 고집스럽게 회사에서 존재를 확인받고 싶어 하는 것처럼, 나 역시 그에게 조언하는 역할을 통해 내 존재를 확인받고 싶어 했다는 것을.** 왜 우리는 무언가를 통해서만 자신을 확인하려 하는 걸까.

예민한 사람과
둔한 사람이 따로 있지 않다

세상에 예민한 사람과 둔한 사람이 따로 있는 것은 아니다.
사람마다 예민한 부분이 다를 뿐이다. 혹은 그것을 드러내는
방식이 다를 뿐이다.

아무리 이상해 보여도, 모든 반응에는 이유가 있다. 당신의
말과 행동, 의사결정의 근본적인 의도나 동기를 정확히 간
파해내려면 부분들을 이해해야 한다. 내 안의 예민한 부분에
대해, 그리고 그 예민한 부분을 가리거나 지키기 위해 어떤
부분이 목소리를 크게 내는지, 혹은 회피하거나 쉬쉬하는지
들여다보아야 한다.

자신 안의 부분들을 이해하고 부분들의 관계와 맥락을 보게
되면 비로소 깨닫게 된다.

왜 내가 그때 그럴 수밖에 없었는지, 그 사람은 나쁜 사람이
아닌데 왜 나는 그렇게 불편하게 느끼는지, 왜 거기에만 가

면 주눅이 드는지, 엄마를 보면 왜 자꾸 화가 나는지, 아이에게 왜 느닷없이 소리를 지르게 되는지, 왜 나는 뭔가를 오랫동안 하지 못하고 계속 겉도는지….

예민한 부분들일수록
더 귀 기울여야

'내 얘긴가.'

키가 작은 것이 심각하게 고민되는 사람은 키 높이 신발을 신고 조금이라도 커 보이도록 옷을 고르며, 키 작은 것을 극복하기 위해 항상 신경 쓸 것이다. 그러다 보니 '키'에 관한 얘기만 나오면 그것에 주의가 좁아져서, 그렇지 않은 얘기도 자신에 대한 말로 듣게 될 가능성이 높다. 누군가가 별 뜻 없이 '키'에 대한 얘기만 해도 "나 들으라는 거야?" 하고 발끈하거나, 공연한 열등감에 위축되는 모습을 보일 수도 있다.

자신에게 민감한 문제, 취약한 부분이 드러나지 않도록 지나치게 긴장하고 애를 쓰다 보니 오히려 더 그 문제에 매이게 되는 것이다. 그 근처를 건드리기만 해도 터질 것처럼 예민해진다. 사람에 따라 수치심을 느끼는 부분, 타인의 평가에 민감해지거나 울컥하는 부분, 화가 나 폭식을 하게 되는 부분, 참다 참다 욱해서 관계를 망치게 하는 부분 등이 있을 수 있다. 어떤 부분이든 그 자체가 문제되는 것은 아니다. 오히려 그 부분을 싫어하거나 무시해서 없애려고 하거나 차단하려 할 때 더 힘들어진다.

모든 부분들이 존중받고 과도하게 짊어진 부담을 덜어내어 조화롭게 살 수 있다면, 어떤 부분도 문제가 되지는 않는다. 따라서 자신에게 너무 싫거나 없애고 싶은 부분이 있다면 아직 당신이 그 부분의 존재 의미에 대해, 역할에 대해 정확히 이해하지 못했음을 뜻한다.

마음에 들지 않는 부분일수록 깊게 들여다보고, 그 부분의 역할을 존중하고 의미를 이해하며 감사함을 느낄 때 우리는 그 어떤 부분과도 함께 살아갈 수 있다.

나의 약점이 내게
들려주는 것들

한 사회를 구성하고 있는 약자들이 그렇듯, 한 사람 안에서
도 약점들이 많은 정보를 갖고 있다. 내 안의 민감하고 취약
한 부분들에 늘 존중하고 감사하는 마음을 갖는 것이 '피하
지 않는 태도'를 기르는 데 도움이 된다. 모든 부분들은 나름
의 역할과 존재 의미가 있다. 나를 완성해가는 퍼즐 조각 중
하나라고 볼 수 있다.

내 감정과 행동에 대해 아직은 이해하기 어렵다고 해도 괜
찮다. 마치 아이가 바라는 것이 엄마의 이해가 아니라 사랑
인 것과 같다. 아이들은 부모가 자신에 대해 잘 파악해주길
원하는 것이 아니라, 자신이 어떻든 비난하거나 평가하지 않
고 있는 그대로 받아들여주길 바란다. '전체로서의 나'는 내
면의 모든 부분들에 공정하고 공평하게, 친절하게 대하는 엄
마, 혹은 좋은 친구가 되어주어야 한다.
칭찬받거나 남들에게 잘 보일 수 있는 부분은 자랑스러워하

고 취약하거나 모자란 부분은 미워하고 차별하면, 타인에 대해서도 차별하게 된다. 그러면 차별의 시선을 받는 상대방도 내게 조건적 사랑, 계산적 호감을 가질 것이다. 차별이 차별을 낳는다.

타인에게 있는 그대로 받아들여지고 싶다면, 자기 안의 모든 부분들을 먼저 있는 그대로 받아들여야 한다. 불편한 감정, 싫은 감각, 나쁜 생각…. 무엇이든 있는 그대로 들어주겠다는 생각으로 내면에 귀를 기울인다면 당신 안의 모든 부분들은 진정 당신과 한 팀이 되어줄 것이다. 귀한 정보를 들려주고 삶의 방향을 이끌어줄 것이다.

삶의 목적은, 의미는 밖에서 찾을 수 있는 것이 아니다. 전문가, 유명인, 권위 있는 사람이 아니라 당신 안의 약자들에게 물어봐야 한다. 당신의 삶을 당신 안의 약자들이 이끌게 되는 순간, 삶의 목적은 매우 뚜렷해진다. 어떻게 살아야 할지가 분명해진다.

당신의 부분들은 이미 알고 있다. 그들에게 물어보라.

모든 부분들은 나름의
역할과 존재 의미가
있다.
나를 완성해가는 퍼즐
조각 중 하나라고 볼
수 있다.

손 안의 물통이
보이지 않는다면

아무리 목이 말라도 자신의 손에 이미 물통이 들려 있음을 알아차리지 못한다면 목마름은 계속될 수밖에 없다. 타인의 인정과 사랑에 목이 마른 사람도 마찬가지다. **이미 당신에게는 목마름을 해결할 만한 물이 있는데, 타인에게서 물을 찾는다. 타인이 한 방울 나누어주면 순간 갈증이 해소되는 것 같지만 이내 다시 타는 듯한 목마름에 시달리게 된다.**

그러므로 갈망을 채우는 방식으로는 한 발짝도 나아갈 수 없다. 당신의 부분들 중 가장 절박한 아이의 이야기를 들어보라. 해결해주려 들지 말고 마음을 비우고 경청해보라. 무슨 얘기를 하고 있는지.

중요한 모든 것은 이미 당신에게 존재한다. 바깥에서 주어지는 것이 아니다. 이미 당신에게 모두 있지만 아직 실감하지 못했을 뿐이다.

습기를 말려줄
온기는 밖에 있지 않다

오랫동안 외로워하며 살아온 사람에게는 어떤 습기 같은 것이 있다. 그들은 햇빛이 비추지 못하는 구석이 자신에게 있다고 믿는다. 하지만 그들의 삶에서 쌓아온 습기는 습관에 불과하다. 본질이 아니다.

흔히 타인보다 자신을 사랑하기가 더 어렵다고들 말한다. 하지만 우리가 사랑이라고 외치면서 누군가에게 달려가는 것은, 내 습기를 말려줄 태양이 바깥에 존재한다고 믿기 때문이다. 그래서 상대가 나의 태양이 되어주기를 기대하다가, 실망하고 싸우고 상처받고 멀어진다. 하지만 나의 습기는 오직 나의 빛으로 말려야 한다. 나의 빛은, 나의 집에 이미 있었다. 나의 빛을 잊은 자가 바깥에서 온기를 찾는다. 이를 명확히 알게 되면, 더 이상 밖에서 헤매지 않게 된다. 자기 자신에게 무언가가 부족하거나 문제가 있거나 상처가 많거나 결핍되어 있다고 느끼던 것이 착각임을 알게 된다. 놀라운 전환이 일어난다.

나는 상담을 하고 있지만, 사람이 사람을 치유한다고 생각해
본 적은 없다. 타인을 치유할 권리나 능력은 그 누구에게도
없다. 자기 자신을 구하는 것은 오직 자기 자신 안의 '빛'이
다. 놀라운 점은, 누구에게나 그 빛이 이미 충만하다는 사실
이다. 우리가 자신을 못마땅해 하는 이유는 자신의 빛을 잠
시 잊어버렸기 때문이다. 상담자는 자신의 빛을 몸소 체험한
자이며, 그러한 여정에 함께하는 동반자다.
책이나 어떤 전문가의 조언도 마찬가지이다. 외부의 조언들
이 공허한 이야기가 되지 않으려면 자신 안에 부유하는 생각
들과 연결시키고 정리할 줄 알아야 한다. **자신의 마음의 기
둥을 튼튼히 세우는 것은 오롯이 '자기 자신'이어야 한다.**

나의 습기는 오직 나의 빛으로 말려야 한다.

나의 빛은, 나의 집에 이미 있었다.

나의 빛을 잊은 자가 바깥에서 온기를 찾는다.

내 안의 어린아이를
가만히 안아주는 일

빛이 따뜻하게 슬픔을 어루만지고, 습기를 말려준다고 해서 슬픔이나 공포, 분노나 두려움이 완전히 사라지는 것은 아니다. 그대로 거기 머물러 있지만 빛과 함께 있다, 그것이 다르다. 함께한다.

예를 들어, 내 안에는 슬픔에 가득 차 있는 다섯 살 무렵의 여자아이가 있다. 그 여자아이에게는 코도, 입도 보이지 않는다. 오직 두려워하고 위축되어 있는 두 눈만 느껴진다. 여자아이의 눈빛이 내게 전해진다. 처음에는 부담스럽게 느껴질 수도 있다. 막막하게 생각될 수도 있다. 하지만 방법은 의외로 간단하다. 그 여자아이를 외면하지 않는다. 다그치지도 않고, 그만하라고 하지도 않는다. **가만히 그 아이를 안아준다. 아이를 숨기거나 극복하려고 애쓰는 것이 아니라, 그냥 함께 나아가는 것이다.**

원래 그런 사람은
없다

언어는 단순히 현실을 설명하지 않는다.

언어는 내뱉는 순간 동시에 현실을 창조해낸다.

그래서 자기 자신에 대해 어떤 단어로 규정짓는 것에 매우
주의해야 한다.

'원래 그런 사람'은 없다.

당신이 스스로에게 갖다 붙이는 꼬리표가 곧 당신이 된다.

싫은 것은 피하고 싶고
좋은 것은 더 얻고 싶고

경험이 쌓일수록, 한 해 한 해 나이를 먹어갈수록 우리 마음에는 좋은 것과 싫은 것에 대한 평가가 더 많이 일어난다. 좋은 것은 더 얻고자 하고, 싫은 것은 없애거나 피하고 싶어 한다. 그래서 있는 그대로 받아들이지 못한다. 원하는 것을 얻지 못해 괴로워하는가 하면, 원치 않는 것을 없애지 못해 고민한다. **불편한 일이 계속되다 보면 원인을 찾게 된다.**

'과거의 그런 경험 때문에 지금 내가 이렇게 된 것이 아닐까?' '부모에게서 온전한 사랑을 받지 못했기 때문에 이렇게된 것이 아닐까?' '좋은 대학을 못 가서 이런 걸 거야. 그때 재수를 했어야 했는데…' '좀 더 나은 회사에 들어가서 돈을 많이 벌면 괜찮아질 거야' '진짜 이상한 남자를 만났어. 다음에좋은 사람을 만나면 괜찮아질 거야' 등등.

이것은 단편적인 판단, 단편적인 해결책이다. 그래서 모양만 바뀌면서 비슷한 괴로움이 계속 반복된다. 이 같은 괴로움이 계속 끊임없이 반복되는 것을 멈추려면 어떻게 해야 할까?

우선 첫 번째로 '탓'을 찾는 것을 멈추어야 한다.

나의 약점은,
극복이 아니라 이해해야 하는 것

많은 사람이, '나는 이 점만 극복하면 완전할 텐데' '왜 나는 끊임없이 같은 고통을 반복하는 걸까' 등의 고민으로 하루하루를 보낸다. 자신을 다른 사람과 비교하고 평가하고 못마땅해하면서 많은 시간을 보낸다.

고통이나 시련을 결핍으로 이해해서, 자꾸 극복하려 한다. 변하려 한다. 그럴수록 자신의 결핍이나 취약점이 문제로 보인다. 없애려 애쓴다. 약점이 사라지지 않을수록, 마치 떼어내야 하는 종양처럼 싫어하게 된다.

하지만 자신의 가장 보기 싫은 면일수록 따뜻하고 친절하게 대해야 한다. 내 안에 공존할 수 있도록 받아들이고 호기심을 갖고 들여다보면 오히려 놀라운 정보를 얻게 된다. 삶에서 극복되는 것은 없다. 오직 미스터리의 해독이 있을 뿐이다. **어둠의 의미, 고통의 이유에 대해 깊게 들여다보면 알게 된다. 그 자체로 이미 온전하다는 것을. 극복하려 애쓸 필요 없**

이 이해만으로도 충분하다는 걸.

자기 자신을 깊숙한 수준까지 탈탈 털어 있는 그대로 본다는 것은 만만치 않은 작업이다. 하지만 분명 해볼 만한 일이다. 이리저리 분투하지만 뭘 위해서 이렇게 살고 있는지 공허해지는 자신, 삶의 목적이나 목표를 찾아 헤매는 자신, 끝없이 자기계발을 하지만 늘 불안해하는 자신, 과거 경험에서 벗어나지 못해 계속 그 자리를 맴돌고 있는 자신, 다 아는데도 변화하지 못하는 자신에게 이제는 물어봐야 한다. 질문에 대한 답을 갖고 있는 사람은 단 한 명, 바로 당신이다. 전문가나 권위자가 아니라 바로 당신이 직접 알아내야만 한다.

답은 이미 당신 안에 들어 있다. 당신이 직접 물어보고 귀 기울이면 보여주고 들려줄 것이다. 당신 안의 많은 부분들이 이야기하기 시작할 것이다. 소외되는 부분 없이 모두가 살아 숨 쉴 때, 우리는 자기 자신과 깊게 연결될 수 있다. 그때 비로소 우리 마음의 창은 세상을 향해 환히 열린다.

그저 자신을 향한

따뜻한 호기심

상담을 마무리하고 한 분, 한 분 보낼 때는 늘 졸업식 같은 기분이 든다. 서로가 서로에게 선생이고 곧 학생이었다는 느낌. 아무리 잘 진행된 상담이라 하더라도, 이별에는 아쉬움이 남는다. 정해진 기간 동안 가장 가까운 사이였다가 이제 각자의 길로 걸어가는 것이므로.

내가 상담을 마무리할 때 한 번 더 강조하는 메시지는 이것이다. '자신에게 무조건 따뜻하게 대할 것. 지금은 자기 안의 모든 부분들을 이해할 수 없더라도, 일단 믿고 경청하고 기다리면 그 부분들이 나에게 자신의 스토리를 들려주리라는 것'이다. 내 일부인 생각과 감정과, 어떤 경험들을 없애고 지우려고 하거나 회피하려 할수록 내 일부에서 멀어질 뿐이다. 그 모든 것들을 내 안에서 따뜻하게 품어주면 스스로 이해되고 통합되어 진정한 변화가 일어난다.

자신을 사랑하고 좋아하라는 얘기가 아니다. 사실 사랑할 필요도 좋아할 필요도 없다. 자존감, 자부심 따위는 일시적인 착각에 불과하다. 신기루를 추구할 필요가 없다. 다람쥐가, 토끼가 자신을 사랑하면서 살려고 애쓰지 않듯, 인간도 그저 하나의 생명으로 충실히 살면 된다. 다만, 인간에게는 자기 자신에 대해 판단하고 평가하고 생각할 수 있는 뇌가 있어서 잘못 쓰이면 평생 자신을 혹독하게 혼내고, 괴롭히며 살아간다. 자기 자신을 적으로 여기면서, 다른 사람에게 사랑을 달라고 외치는 사람들이 얼마나 많은가.

자신에게 이미 가득한 태양을 보지 못하고, 밖에서 빛을 찾기 때문에 동요한다. 자신의 빛을 생생히 경험하기 위해 필요한 것은, 자기 자신에 대한 진실한 호기심이다. **스스로 평가하지 않고 있는 그대로 보려면 따뜻하게 호기심을 갖고 대하는 것으로 충분하다.** 지구에 잠시 세 들어 살아가고 있는 생명의 하나로 바라보는 연민의 마음이면 충분하다. 누구나 다 그렇게 애쓰면서 고통 속에서 살아가고 있다는 보편성에 대한 인식이 있어야, 왜곡된 자기도취나 자기비하가 아닌, 진실한 자비심이 생겨난다.

어느 날
우리는 알게 될 것이다

스티브 잡스를 비롯한 미국인들이 좌선, 혹은 명상을 하게 되기까지는 스즈키 순류의 영향이 컸다. 일본 선불교식 수행법을 세계에 알린 스즈키 선사는 이렇게 말했다.

> "어느 날 당신은 자신을 보고 깔깔 웃게 될 것입니다. 당신이 자신을 향해 웃게 될 때, 거기에 깨달음이 있습니다."[3]

지금까지 믿어왔던 것, 해왔던 노력들이 모두 가짜, 혹은 헛수고였음을 알게 되는 순간이 있다. 그럴 때 인간은 자기 자신을 보고 깔깔 웃게 된다. 어이가 없어서 웃는 것이다.

나는 지금까지 두 번 정도 이런 경험을 했다. 한 번은 뒤통수를 커다란 방망이로 '픽' 하고 맞는 느낌이었고 다른 한 번은 이른바 '눈에서 비늘이 떨어진다'는 경험이었다. 상하좌우가 완전히 뒤집어졌고 세상이 완전히 달리 보였다. 그 순간에는 늘 웃음이 있었는데 돌아보면 그때가 심리적 변곡점이었던 것 같다. 그런 변곡점을 한번 지나고 나면 자아, 혹은 의식의 상태가 크게 변한다.

내가 알고 있는 나는 더 이상 내가 아니게 된다.

자기 자신과
잘 지내는 법——————————

2。

스스로에게 방황할 수 있는 큰 공간을 허용하라.
아무 이름도 없는 곳에서 철저하게 길을 헤맨 다음에라야
당신은 자기만의 방식을 찾아낼 수 있다.[4]

– 나탈리 골드버그

온전히
쉬려면

힐링, 휴식, 쉼을 얘기하면서도 많은 사람들이 쉬지 못하는 이유는 '나에 대한 생각'에 매여 있기 때문이다. 우리가 정말 휴식을 취하려면 '내가 어떤지, 내가 잘하고 있는지, 내가 앞으로 무엇을 어떻게 해야 할지' 등등 '나에 대한 생각'에서 쉬어야 한다.

나 자신에 대한 생각에서 헤어나오는 가장 좋은 방법은, 작은 것이든 큰 것이든 전념해서 하는 것이다. 지금 여기, 눈앞에 있는 일에 몰두하는 것이다.

누군가를 만났으면 그 사람과의 만남에 집중하고, 서류를 작성하고 있으면 서류에만 신경 쓴다. 걸을 때는 걷는 것에, 밥을 먹을 때는 밥을 먹는 것에 온 마음을 다한다. 때로는 숨이 나가고 들어오는 것, 호흡에 기대어 쉬어본다. 아무것도 하지 않는다는 것은 불가능하다. 당신이 멍하니 앉아 있을 때도 생각은 생각을 만들어내고 있다. 가만히 있는 순간에도 숨을 쉬고 있고 심장은 고동치고 있으며 몸 안의 무수한 세포들은 부지런히 활동하고 있는 것이니까. TV를 보거나 게임을 하거나 여행을 가는 것이 휴식이 아니다. 무언가를 하거나 하지 않는 것 자체는 쉼이 될 수 없다.

지금 여기에 두 발을 단단히 딛고, 순간의 흐름 위에 올라타 하나 될 때 비로소 당신은 쉴 수 있다. 자기 자신을 가장 괴롭히는 것은 늘, 자기 자신에 대한 생각이므로.

자기 자신을
견디지 못하는 병

정신분석가 윌프레드 비온은 말했다.

병을 견디지 못하는 것이 가장 큰 병이라고.

나는 그것을 조금 바꾸어 말하고 싶다.

자기 자신을 견디지 못하는 것이 가장 큰 병이라고.

실제로 한 말과
내가 들은 말

상사의 비난, 질책 때문에 마음이 괴로워져서 상담실을 찾는 사람은 "제가 자존감이 낮아요. 다른 사람의 비난이나 부정적 피드백을 받으면 무너져요"라고 말한다. 하지만 이것은 자존감과 아무런 관계가 없다. 성격적 문제 때문도 아니다. 타인의 말을 있는 그대로 듣지 않았기 때문에 일어나는 일이다.

팀장은 이렇게 말했다.
"도대체 몇 번 수정을 해줘야 하니? 한 번에 제대로 못 하니? 좀 꼼꼼히 하자!"

이 말에는 세 가지 메시지가 들어 있다.
'한 번에 제대로 해라. 당신이 오류를 내니까 내가 수정해야 해서 힘들다. 꼼꼼히 해달라.'
하지만 이 메시지를 다음과 같이 듣는 사람들이 많다.
'넌 쓸모없어, 불필요한 존재야. 넌 가치 없어. 넌 실패자야.'

팀장의 얘기를 있는 그대로 듣지 않고 '아, 나 보고 여기서 쓸모없는 사람이라고 하는구나' 하고 받아들이는 사람들은 이내 자괴감에 빠지거나 자기 비난에 열을 올리거나, 아니면 '이제 어느 직장으로 옮겨야 하지, 앞으로 어떻게 살아가지?' 하며 아직 벌어지지 않은 일에 대한 걱정까지 한다. 한번 불안한 생각에 압도되면 그 생각을 떨치기가 어렵고 그 불안은 점점 커질 수밖에 없다. 팀장은 '일을 꼼꼼히 해달라'고 했을 뿐인데 말이다.

물론 불친절한 말, 억울한 상황일 수는 있다. 그러나 **상대방과 상황의 팩트만 제대로 파악해도 자신을 쓸데없이 괴롭히는 일은 줄어들 것이다.**

내가 한 일에
자꾸만 확신이 없는 이유

무능한 것을 무엇보다도 부끄럽고 끔찍하게 생각하는 H에게는 어머니와 관련된 기억이 있다. 어머니는 식당을 운영하느라 평생 쉴 틈 없이 일했다. 어머니가 낮밤 없이 고생하는데 자신도 쉴 수 없다고 생각해, H는 어릴 적부터 공부가 잘되든 안되든 책상에 붙박이처럼 앉아 있었다. 책상에서 졸다가 또 공부하고 그러다가 잠이 들곤 했다. 어머니로서는 외동딸 H가 삶의 유일한 희망이었기 때문에 H의 성적에 집착이 심했고, 조금이라도 성적이 떨어지면 표정이 어두워지고 아무 말이 없었다. 냉랭하게 어머니가 돌아설 때면 H는 버려질 것 같은 공포를 느꼈다.

호기심이 많아서 다양한 경험을 해보고 싶었던 H였지만 어머니를 생각하면 절대로 한눈 팔 수 없었다. 그래서 엄마를 실망시켰던 순간을 계속 생생하게 떠올리면서 자기 자신을 채찍질하며 살아왔다. 학교를 졸업하고 취업해서도 마찬가지였다. 어머니는 더 좋은 회사에 취업하지 못하는 것을 아쉬워했고, H는 죄책감을 느끼며 더 유능한 사람이 되기 위해 강박적으로 노력하고 있었다.

H와 비슷한 경험을 하는 젊은이들이 많다. 부모님은 잠시도 쉴 틈 없이 열심히 일을 하면서 평생 의무감으로만 살아왔다. 부모님에게 보답할 길은 오직 학업 성적을 올리는 것뿐이었다. 그런데 노력만큼 성적이 잘 나오지 않았고 결국 부모님이 기뻐할 만한 좋은 대학에 가지 못했다. 취업은 했지만 별로 만족스럽지 못한 직장이고 일에도 그다지 흥미를 갖지 못하며, 제대로 해놓은 것이 하나도 없다고 느낀다. 어린 시절에는 '똑똑하고 자랑스러운 자식'이었는데 언제부턴가 그 기준에서 점점 멀어져버렸고 더 이상은 그 근처에 갈 수도 없을 것만 같다. 남들보다 뒤처지지 않기 위해 잠도 줄이고 자기계발을 위한 노력으로 바삐 살고 있지만, 종종 허무감이 밀려온다. '이게 다 뭐라고…' 혹은 '이렇게 노력한다고 뭐가 달라지기나 할까?'

미래를 생각하면 불안하고 막막해서 새로운 것을 계속 시작하지만, 이내 그만두고 만다. 왜 해야 하는지 동기나 목표가 분명치 않고, 이대로 계속 한다고 해서 보장되는 것도 없다고 생각되기 때문이다. '이건가?' 싶어서 열심히 매달렸다가 그만두고, '이번엔 확실해! 이걸 하자!' 하고 움켜쥐 보지만 손에 쥔 모래처럼 스르르 빠져나가 버린다. 자신이 하는 것에 늘 확신이 없다. 아무것도 하지 않으면 안 될 것 같은 마음과 이걸 과연 시작해도 될까 하는 마음, 그리고 이걸 관두지 않고 계속해도 괜찮나 하는 마음.

이런 마음 사이에서만 헤매고 있으면 아무리 해도 충족되지 못하는 만족감, 아무리 해도 확신이 없는 불안감에서 벗어나기 어렵다.

아무것도 하지 않으면 안 될 것 같은 마음과

이걸 과연 시작해도 될까 하는 마음,

그리고 이걸 관두지 않고 계속해도 되나 하는 마음.

이 마음들에 머물면 자신을 괴롭힐 뿐이다.

비난과 방어의
악순환

인간의 행동을 이해하기 위한 하나의 시도로, 심리학에서는 인간의 동기에 관해 다양한 관점으로 연구해왔다. 어떤 경우에 우리는 무언가를 얻거나 이루기 위해 다가가는 전략을 취하는 한편, 어떤 경우에는 무언가를 피하거나 잃지 않기 위해 회피하는 전략을 취한다. 좋아하는 사람에게 다가가서 차 한 잔 마시자고 다가갈 수도 있지만, 나에 대한 환심이 줄어들게 하지 않기 위해 밉게 보이지 않는 것, 실수하지 않는 것에 초점을 맞출 수도 있다.

심리학자 토리 히긴스는 똑같은 목표가 있다 하더라도 상황에 따라 다가가거나 피하는 방식으로 행동할 수 있는데 이럴 때 다가가는 것에 중점을 두는 것을 프로모션 포커스(Promotion focus), 즉 향상 초점되어 있다고 보았고, 반대로 피하는 것에 중점을 두는 것을 프리벤션 포커스(Prevention focus), 예방 초점되어 있다고 보았다.[5]

상황에 따라 사람의 초점이 달라지는 것은 당연하다. 하지만 개인별로 어떤 초점이 더 자주 활성화되는지에는 개인차가 있다는 것이 히긴스의 조절 초점(Regulatory focus) 이론의 특징이다. 즉 목표한 것을 얻거나 이루는 것에 더 초점을 맞추는 경향이 강한 사람과, 손실이나 피해를 줄이는 것에 더 초점을 맞추는 경향이 강한 사람은 각기 다른 단서에 동기부여된다는 것이다.

간단한 예로, 향상 초점의 사람들은 건강한 몸, 혹은 멋진 몸을 갖고 싶어서 운동한다면, 예방 초점의 사람들은 병에 걸리지 않기 위해, 혹은 살이 찌지 않기 위해 운동을 한다. 향상 초점자들의 마음속에는 긍정문의 목표(~하기 위해)가 주로 떠오른다면, 예방 초점자들의 마음속에는 부정문의 목표(~하지 않기 위해)가 떠오를 가능성이 높다. '비난받지 않기 위해, 혼나지 않기 위해, 초라해지지 않기 위해, 밀리지 않기 위해, 폐끼치지 않기 위해' 등의 메시지가 자신도 모르는 사이에 많이 떠오른다면 예방 초점되어 있다고 말할 수 있다.

개인의 기준과 가치를 세울 수 있도록 장려하고 개성과 차이를 존중하는 교육이 주를 이루는 개인주의 사회에서는 향상 초점자가 많아질 수 있지만, 사회적 기준과 가치를 강조하고 일탈행동과 처벌을 먼저 규정하며 집단에서 조화를 이루지 못하는 사람을 일단 문제로 보는 집단주의 사회에서는 예방 초점자가 많아질 수밖에 없다.

물론, 향상 초점만 좋고 예방 초점이 전적으로 나쁜 것은 아니다. 상황에 따라 둘 다 필요하다. 문제는 지나치게 경직된 예방 초점이 우세할 때 일어난다. **내적 기준이 희미하기 때문에 늘 과도하게 애써서 피로한 사람들은 비난과 방어를 많이 하게 된다.** 작은 것에도 참지 못하고 화내고 비난하는 행동 뒤에는, 안 그러면 손해 보거나 무시당할 거라는 두려움이 숨어 있다. 누군가 말을 걸어오면 일단 안 좋은 얘기이거나, 지적 혹은 비난일 거라고 지레짐작한다. 이것이 우리 사회에 만연한 비난과 방어다.

나답게도 살고 싶고
남들만큼도 살고 싶고

한국인에게 삶의 목표를 물어보면 여전히 많은 사람들이 이 렇게 답한다.

"남들 하는 만큼은 하고, 남들 사는 만큼은 살아야죠."

'남들'이 어떻게 살아가는지 알기 위해 들여다보는 곳은 인 터넷과 소셜 미디어다. 하지만 정작 그곳에는 '저 이만하면 잘 살고 있지요?'라고 인정받기 위해 대기하고 있는 연출된 삶, 우월함의 가면으로 가득하다. 평균적 삶, 혹은 보통사람 이라는 신기루를 좇는 사람들은, 자신의 열등감을 가리기 위 해 우월함의 가면을 쓰고 있는 사람들과 자신을 비교하며, 자신의 부족함을 책망한다. 무대 위의 연기자에게 열광하고 때로는 동일시하면서, 자신의 무대가 없는 것을 한탄한다.

개인과 사회가 불안할수록 예방 초점이 활성화된다. 최소한 의 안전과 손실 방지, 사회적 협력을 위한 의무와 책임이 중요해지는 것이다. 전쟁이 벌어지는데 자아실현과 꿈에 대해 얘기할 수는 없는 일이다. 인간은 안전하다고 느껴야 나아갈 수 있다. 삶에서 이루고 싶은 목표와 자기가 되고 싶은 모습에 대해 생각할 수 있으려면 일단 상황이 충분히 안전해야 한다. 늘 남들보다 잘해야 한다고 믿는 부모에게서 자라난 아이들은, 자신에게 중요한지 아닌지보다 타인보다 못하고 있지는 않은지에 초점을 맞추게 된다. 이기는 것과 유능한 것에 지나치게 집착하는 사람은 타인의 목소리에 민감하기 때문에, 자신의 목소리를 들을 수 없다. 손해 보지 않는 결과에만 중점을 두는 사람들은 과정 구석구석에 있는 새로운 세계를 볼 수 없기에 배우지 못한다.

결국 속도의 문제도, 방향의 문제도 아니다. 무엇을, 왜 하는지 질문할 수 없음, 혹은 질문을 견디지 못함의 문제인 것이다. 자신이 의도하든 의도하지 않았든, 원했든 원치 않았든 그런 질문을 품어야 했던 사람들에게는 점차 보이기 시작한다. 서서히 자신의 삶에서 정말 중요한 것들이 떠오르고, 그렇지 않은 것들은 희미하게 가라앉게 된다. 누가 가르쳐줘서가 아니라, 책으로 읽어서가 아니라 그렇게 몸소 깨달은 것이 삶의 목적이자 의미이고 자신의 가치가 된다.

무엇을 원하는지
모르겠다

"저는 삶에 목표가 없어요. 무엇을 원하는지 모르겠어요."
상담이나 강의 현장에서 이렇게 고백하는 사람들을 많이 만난다. 진로 고민을 하는 청소년이나 청년 구직자들만의 얘기가 아니다. 직장 생활을 열심히 하고 있는 삼사십 대나, 자녀를 다 키운 오십 대의 사람들도 비슷한 고민을 한다. 부끄러운 얼굴로 이런 얘기를 털어놓는 분들의 마음속에는 아마 이런 믿음이 있을 것이다.

'삶에는 분명한 목적과 목표가 있어야 한다.'

'속도보다 방향이 중요해. 그러니까 삶에는 방향이 있어야 하는 거야.'

'나답게 살고 싶다. 그런데 나다운 게 뭐지? 내가 정말 원하는 게 뭘까?'

삶의 의미, 가치, 혹은 목적이라는 말에는 '내게 무엇이 중요한가?'에 대한 답이 들어 있다. 바꾸어 말하면, 나 자신에게 무엇이 중요한지 파악하고 있어야 삶의 방향이나 목적에 대해 정리할 수 있다는 얘기다. 그렇다면 자기 자신에게 무엇이 중요한지, 혹은 덜 중요한지는 어떻게 알 수 있을까? A가 중요한 줄 알고 다른 것은 포기하며 그것만을 향해 열심히 달렸는데, 정작 B 혹은 C가 더 중요하다는 것을 깨닫게 되는 때가 있다. 그런 경험을 한 사람은 B나 C를 우선순위에 놓고 A를 그 밑으로 내려둔다.

직접 경험함으로써 자연스럽게 가치의 우선순위가 정리된다. 이 사람은 최소한 자기가 결정한 기준에 따라 실행을 해본 경험이 있는 것이다. 기대한 것과 다른 결과를 얻더라도, 설령 실패하더라도 자기 자신에 대해 발견하게 되고 그로 인해 삶에 무엇이 더 중요하거나 꼭 필요한지 좀 더 분명해진다.

반대로 실패하지 않기 위해, 손해 보지 않기 위해 타인의 조언, 세상의 평가에만 귀를 기울이는 사람은 자기 기준으로 결정하고 실행해본 경험이 없으므로 결과적으로 자기에게 무엇이 더 중요한지 알기 어렵다. 상업적으로, 정치적으로, 혹은 사회문화적으로 부풀려진 가치를 그대로 따라가게 된다. '돈이 좋지, 외모는 중요하지, 건강한 게 최고지, 일단 좋은 회사에 들어가 봐야지, 대학은 서울에서 나와야지, 남들 하는 건 다 해봐야지' 등 '해야 할 것'을 맹목적으로 따라가다 보니 그조차도 바빠, 더 이상은 할 수가 없다. 비유하자면

국어, 영어, 수학, 사회, 과학 등 모든 과목을 평균 이상의 성적을 내기 위해 전전긍긍하다 보니 정작 자기가 무슨 과목을 좋아하는지, 앞으로 어떤 과목에 더 집중해서 탐구할 것인지 생각할 겨를이 없는 것과 마찬가지다.

밀려나지 않기 위해, 남들에게 지지 않기 위해 공부하는 사람들은, 공부를 오직 수단으로만 여기게 되기 때문에 그 의미나 재미에 대해 알기 어렵다. 어떤 조건과 자격을 갖추기 위해서만 노력을 기울이다 보면 자기 자신조차 도구로 여기게 된다. 그래서 뭔가를 잘한 것 같으면 뿌듯하게 여기고, 잘하지 못했다고 생각되면 자신을 미워하게 된다.

무엇을 왜 해야 하는지, 왜 그게 중요한지, 어떤 의미가 있는지 알지도 못하면서 무작정 잘하고 싶어 하기에, 피상적인 자기 사랑과 미움 사이를 진자처럼 왔다 갔다 한다.

방향 없는
속도는 없다

집단주의적 경쟁 문화에서 장려되는 것은 개인의 목표나 목적이 아니다. 전체와 조화를 이루면서, 정해진 영역에서 높은 점수를 내는 것이 중요하다. 한 명 한 명의 개성이나 가치관보다는 획일화된 기준에 부합하는가가 더 중요하다. 우리 사회에서 중요한 것은 과거에는 '신분'이었으나, 그다음에는 능력의 대표선수 격인 '학력'이 되었고, 이제는 학력을 만들기도 하고 사기도 하는 '돈'이 되었다. 한때 '돈'을 다양한 방식으로 늘릴 수 있을 것처럼 보인 적도 있었으나, 이제는 그러한 기대와 환상도 갖기 어려워지자 사람들은 우울해진다. 좋은 삶의 기준이 하나밖에 없으니, 그 기준에 더 극심한 영향을 받는 것이다. 만약 개인적 가치나 의미가 풍부하게 존재한다면, 그것들이 '돈'이라는 기준에 도달하지 못할 것에 대한 충격을 완화해주는 완충장치의 기능을 할 수 있다.

하지만 안타깝게도 지금 우리 사회에는 개인별 완충장치가 너무나 부족한 것 같다. 가정, 학교, 사회, 직장 등의 집단에서 미움받지 않고 밀려나지 않기 위해 살아온 사람들은, 어느 순간 벼랑에 서 있는 자신을 발견하게 된다. '이게 다 무슨 소용이지? 내가 뭘 이루려고 이렇게 애쓰면서 살아온 거지?'라는 질문 앞에서 당혹해한다. 평생 '이쯤하면 잘하고 있는 걸까? 저 사람처럼 되면 절대 안 될 텐데…' 등으로 나쁜 평가를 받지 않는 것에만 초점을 맞추며 살아온 사람들은, '내게 무엇이 중요하지? 나는 어떤 사람으로 살아가고 싶지?' 등 자신의 삶에서 이루고 싶은 진정한 목적이나 목표에 대해 생각하기 어렵다. 해본 적이 없기 때문이다.

자신의 기준으로 시도해보고 좌절과 실패의 경험을 들여다보면서 조율할 시간을, 부모도 교육도 사회도 허락하지 않는다. 제때제때 해야 할 것들을 하기에도 바쁘다. 실패한 것, 잘 되지 않은 것은 어차피 지난 일이니 모두 잊고 미래의 가능성을 향해 나아가라고 권한다. 의미를 들여다볼 시간 따위는 없다.

흔히 삶은 속도가 아니라 방향이라고 하지만, 그 말은 틀렸다. 속도는 방향을 포함하고 있는 개념이기 때문이다. 방향을 제외한, 오직 빠르기만을 뜻하려면 '속력'이라고 해야 한다. 그런데 물리학이나 수학의 세계가 아닌 실제 삶에서, 방향이 없는 순수한 '빠르기'라는 것이 과연 있을까? 어떤 방식으로 존재할 수 있을까?

속도가 있는 곳에는 이미 방향이 있었다. 당신이 보지 않았을 뿐이다. 그러니까 여정에 문제가 있다면, 방향이 잘못된 것이지 속력만 잘못된 게 아니다. 천천히, 느리게 쉬엄쉬엄 가서 될 문제가 아닌 것이다. **보고 싶지 않고, 때론 인정하고 싶지 않더라도 암묵적으로 동의하고 따랐던 방향을 분명히 들여다보고 따져 물어야 한다. 그게 무엇을 위한 방향인지를. 당신에게 어떠한 의미가 있는지를.**

속도가 있는 곳에는 이미 방향이 있었다.
당신이 보지 않았을 뿐이다.
그러니까 여정에 문제가 있다면,
방향이 잘못된 것이지 속력만 잘못된 게 아니다.

신중함이
필요할 때

착한 마음, 혹은 좋은 뜻. 우리에게 선의란 무엇을 의미할까? 선의가 가득하지만 사려 분별이 부족해 늘 위기에 처하는 인물이 있다. 헨리 필딩의 소설《업둥이 톰 존스 이야기》의 주인공 톰이 그렇다. 톰은 약삭빠름, 혹은 이기적인 계산과는 거리가 멀다. 그때그때 자신의 감정에 충실하며 진실하게 행동한다.

하지만 착한 사람 톰은 늘 고난을 겪는다. 일은 안 풀리고 사람들은 오해하며 계속 곤경에 처한다. 작가는 선의만으로는 삶이 충분하지 않음을, 톰의 모험을 통해 아주 꼼꼼하게 가르쳐준다.

필딩이 강조하는 것은 신중함이다. 하지만 **비겁함, 냉담함, 혹은 이해 타산적 약삭빠름을 신중함으로 오해하지 말라고 강조한다.** 그가 말하는 신중함이란, 열정을 타고났으나 삶의 무수한 시행착오를 거치면서 축적한 지혜에서 나오는 것이다.

오직 나다운 게

있을까

'남과 다른 나'가 되라는 메시지가 범람하는 시대에 사람들은 정말로 고민한다.
'진정한 나'는 어떤 것일까? '나로 살아간다'는 것은 어떤 것일까?

이런 슬로건이 유행하는 현상은, 타인에게 휩쓸려 그저 그런 삶을 살다 가는 것에 대한 두려움과 동시에 자신만의 방향이나 삶의 의미 같은 것을 찾고 싶다는 욕망을 드러낸다. 과거에는 가족이나 지역사회, 혹은 종교가 권하는 방향대로 살면 큰 탈이 없었는데 이제는 어느 누구도 답을 갖고 있지 않음이 명백해진 시대가 되어 더 혼란을 느끼게 된 탓도 있을 것이다.
지금보다 더 나은 사람, 더 유능하고 훌륭한 사람이 되어야만 사람들에게 호감을 얻고 원하는 일을 할 수 있으며 좀 더 만족스러운 삶을 살아갈 수 있을 것이라고 믿는 사람들은 이런저런 책과 강의를 찾아다니며 지혜를 구한다. 자신이 괜찮은지 자주 염려하는 사람들은 자신과 타인을 끊임없이 비교하는 습관이 생겨, 그가 만나는 사람들 또한 자신도 모르는 사이에 평가의 저울에 놓이는 대상이 되어버린다.

물건을 살 때 가격과 품질, 대중의 평가를 따지듯 사람을 만날 때도 상대의 외모는 어떠한지, 사람들에게 인기가 있는지, 재력과 권력은 어느 정도인지, 어떤 능력을 갖고 있는지 점수를 매긴다. 타인을 평가하는 것이 거의 자동적인 수준으로 빠르게 되는 사람일수록 자기 자신에게 혹독한 법이다. 자신의 평가에서 한순간도 자유롭지 못하기 때문이다. 뒤집어 말하면, 자기 자신에게 항상 불만이 많고 '별로'라고 말하는 사람일수록 타인을 끊임없이, 치밀하게 평가하고 있다는 것을 보여준다. 이들의 불행은 언제나 차이를 찾고, 강박적으로 우위를 추구하는 데서 온다.

하지만 어떤 의미로든 우리는 무언가의 연속이며 반복이다. 우리가 하는 말과 행동은, 의식을 했든 하지 못했든 다른 사람에게서 배운 것이며 꿈이나 소망, 바람도 누군가에게서 가져온 것이다. 경험, 모방, 학습의 과정들을 통해 우리는 자신이 속한 사회 안에서 바람직하거나 멋있다고 느끼는 것들 중 일부를 취하게 되는데, 그렇게 축적된 것들이 '나'를 구성한다. A씨의 말, B씨의 손짓, C씨의 걸음걸이, D씨의 소망, E씨 생각, F씨의 바람, G씨의 욕망, H씨의 감정이 한 켜 한 켜 쌓여, 나도 모르는 사이에 나 자신이 되는 것이다.

이제 당신 자신에게 한번 물어보라. **당신의 생각이나 감정, 소망과 바람, 욕망과 꿈, 혹은 말투와 행동 방식들 중 오직 당신에게만 속하는 것이 무엇인지를. 어느 누구에게서도 볼 수 없는 오직 '나만의 것'이라고 할 만한 것이 무엇인지를.**

그런 뒤에야 생각해볼 일이다. '진정한 내가 된다' 혹은 '진짜 나로 산다'는 것은 무엇을 뜻하는가? 그것은 어쩌면 내가 지구에 잠시 얹혀사는 미미한 존재에 불과함을 알아차리는 일일지도 모른다. 우주에 떠도는 먼지처럼 사소한 '나'의 몸 안에 생명의 역사가 새겨져 전수된다. 우리는 생명의 연장이며 반복되는 움직임이다. 모든 생명이 연결되어 있으며 우리 존재 역시 무수한 반복 중 하나에 불과하다는 것을 아는 사람은 더 이상 개별성에 집착하지 않게 될 것이다. 그런 사람이야말로 '나답게' 사는 평화를, 자유를 얻는다.

나의
내용이 담긴 그림

많은 사람들은 자기 자신의 '내용' 때문에 시달린다. 자기 안의 어떤 것이 너무 싫거나 두렵거나 없애고 싶거나 도망치고 싶어서 애쓴다. 혹은 외면하고 싶은 마음에 자기 안에 무엇이 있는지 잘 알지 못하는 경우도 있다. 후자라고 해서 자신에게서 자유로운 것은 아니다. 자신 안에서 무엇이 일어나는지 알아차리지 못하고 자기 자신과 잘 연결되어 있지 않은 사람은 오히려 특정 경험들이 억압되어 있어, 뜻밖의 돌발행동을 하거나 충동적인 행동을 하는 등 자기조절의 실패를 경험하기도 한다.

자기 자신에 관한 '내용'은 한 순간의 의지로 바꾸기 어렵다. 왜냐하면 그 사람이 지금까지 경험해온 데이터의 총합이자 결과적 평가이기 때문이다. 가족이나 친구 등 가까운 타인에게 비난받거나 무시당한 경험, 친구나 형제자매보다 뭔가 잘하고 싶은데 그럴 만한 것이 없어서 좌절했던 경험, 차별받은 경험, 누군가에게 다가갔지만 받아들여지지 않은 경험, 제대로 이해받지 못한 경험, 관심받지 못했던 경험 등이 포함되어 결과적으로 그려진 그림이 '자신에 관한 내용'이 된다.

오랜 기간의 좌절과 고통을 겪어온 사람에게 "넌 참 소중해!" "넌 참 훌륭해!"라고 한다고 해서 단번에 내용이 바뀔 리 없다. 스스로 자기 자신이 너무 좋다고, 대단하고 자랑스럽다고 거울을 보며 얘기하는 것도 큰 도움이 되지 않는다. **억지스러운 자기애나 우월감으로 씁쓸한 내용을 덮으려는 것은, 쓴맛을 덮기 위해 설탕을 뿌리는 것에 불과하다.** 그림의 내용이 왜곡되거나 비틀리기 쉽다.

이제는 나의 내용, 나의 그림을 대하는 태도부터 바꿔보자.

배우가 아니라
무대

자기가 경험하는 내용에만 치우치기보다는, 맥락으로 바라보는 것이 필요하다. 무시당했다고 화를 내거나 상처받을까봐 두려워하는 마음은 내 안의 일부다. **내가 하나의 무대라면 하나의 감정이나 경험들은, 예고 없이 무대 위에 등장했다가 때가 되면 퇴장하는 배우와 같다.**

우리가 염두에 두어야 할 가장 중요한 사실은 그런 하나하나의 경험들이 결코 곧 '나' 자체는 아니라는 것이다. 우리가 경험하는 내용들은 때가 되면 나타나고 때가 되면 사라진다. 기쁘고 행복하고 뿌듯하고 황홀한 경험도, 분노가 치밀어 오르고 쓰라리고 슬프거나 외로운 경험도 각각 하나의 배우에 해당한다. '내가 슬픈 것'이 아니라 '내 안에 슬퍼하는 부분이 있다'에 가깝다.

지금으로서는 슬퍼하는 부분이 무대 전면에 나가 주의가 집중되어 있을 뿐이지 내가 슬퍼하는 것이 아니다. 뒤이어 목마름을 느끼는 부분이 물을 찾을 것이고, 내일 아침 일찍 출근을 해야 하니 얼른 자자고 다독이는 부분이 행동을 촉구할 것이며, 여러 부분들이 타협하고 조율해 '나'라는 전체를 이끌고 갈 것이다.

'슬픔'이 곧 '나'는 아니며, 유일한 주인공도 아니다. 그렇다고 이때 다른 감정들이 꼭 조연 역할을 하는 것도 아니다. 사랑하면서 미워할 수 있고, 가고 싶지만 안 가고 싶은 부분도 있는 것이며, 지치고 무기력하다가도 의욕에 차오를 수 있다. 많은 부분들이 순식간에 등장했다가 소리 없이 퇴장한다. 알아차리든, 알아차리지 못하든, 우리는 그런 과정을 통해 살아가고 변화한다.

여러 가지 상충되는 감정들, 욕구들이 한 무대 위에 있음을 알아차릴 수 있다면, 특정 감정이나 생각에 압도되지 않는다. 사람이 특정 감정이나 생각, 경험에 빠져들어 압도되거나 그 안에 매몰되어 버리는 것은, 그것이 곧 자기 자신이라고 여기기 때문이다. 자기 자신이 무대이며 그러한 개별 경험들이 배우에 불과하다는 것을 잊기 때문이다.

지금으로서는 슬픈 부분이
배우처럼 무대 전면에 나가
주의가 집중되어 있을 뿐이지
내가 슬퍼하는 것이 아니다.
뒤이어 다른 감정들이
나라는 전체를 이끌 것이다.

모르는 것을 알기 위해
너무 애쓰지 말 것

"존재를 견디기 위해 우리는 거짓말을 한다. 무엇보다 우리 자신에게."[6]

소설가 엘레나 페란테는 에세이에 이렇게 썼다. 그래서일까?

우리는 '나'라는 몸에 몇십 년을 거주하면서도, 이 인간에 대해 거의 아무것도 모른다. 오히려 잘못 알고 있는 경우가 대부분이다. 이것은 비극일까 희극일까?

삶이란 끊임없이 내가 누구인지 알아나가는 과정이지만, 너무 애쓰지 말았으면 좋겠다. **무엇이든 자연스럽게 힘을 빼고 바라볼 수 있어야 마음이 열리고 생각이 열린다.**

그 사람에게서
나를 본다 ━━━━━━━━━━

3.

"당신이 무언가를 왜 좋아하는지
그 이유를 모른다면
그에 대해 시간을 들여 알아낼 만한 가치가 있다.

- 폴 보울스[7]

관계의

방식

늘 단정하게 빗은 갈색 단발머리, 멋지게 차려 입고 매일 저녁에 친구들을 만나러 나가는 칠십 대 중반의 여자. 귀걸이와 목걸이를 하지 않은 그녀의 모습은 상상하기 어렵다. 지금껏 내가 만난 친구들 중 가장 나이가 많았던 사람, 그녀의 이름은 조앤이다.

조앤은 귀가 잘 들리지 않았다. 런던의 한 빌라에서 우리가 처음 만난 날, 나는 이름을 알파벳으로 써서 보여주며 "지.영."이라고 했지만 조앤은 웃는 얼굴로 "뭐라고?"를 외쳤다. 몇 분 지나지 않아 조앤이 해결책을 제시했다.
"나는 조앤이고 너는 내 동생, 조이(Joey)라고 하자."
그날로 나는 조이가 되었다.

조앤의 남편이 세상을 떠난 지는 20년이 흘렀지만 그녀는 여전히 남편과 함께하고 있었다. 거실과 방 곳곳에는 화가인 남편이 그린 조앤의 초상화가 걸려 있었다. 조앤은 하루 종일 남편에게 종알종알 이야기를 하며 보냈다. "오늘은 린다가 이런 말을 했는데 나는 짜증이 났어. 게다가 아까 산 와인은 맛이 형편없더라고. 다시는 그 가게 가지 말아야지"와 같은 말들이었다. 그녀는 잠시도 조용히 있는 법이 없었고 남편은 그 집에 분명 살아 있었다. 조앤에게 남편은 여전히 살아 있는 존재였다. 나는 조앤을 통해 또 하나의 관계 방식을 보았다.

관계란 무엇일까? 우리가 알고 있는 게 전부일까?

옆에 있다고 해도
만나지 못할 때가 많다

누군가를 '만난다'고는 하지만, 함께 있다고 해서 만나는 것은 아니다. 다섯 시간을 함께 있어도 1분도 만나지 못하는 경우가 있고, 같이 사는 가족이라고 해도 오히려 더 만나지 못하는 경우가 허다하다. 온전히 나 자신으로 상대를 만나지 않고 대개 역할로만 만나고, 필요한 것을 해주었다고 생각하고 돌아선다.

친구와 싸우고 울면서 돌아온 아이에게 해줄 수 있는 가장 좋은 것은 조언도, 격려도 아니다. 취업이 안 되어 고민하는 사람에게 응원은 필요하지 않다. 회사에서 억울한 일을 당해 씩씩거리며 돌아온 사람도, 무작정 자기편이 되어주기를 바라지는 않는다.

자신에게 문제가 있지 않은지, 이대로 잘 살아갈 수 있을지 염려하는 사람에게 필요한 것은, 누군가가 진실로 함께한다

는 경험이다. 이렇다 저렇다 평가하지 않고 바꾸거나 고치려 드는 게 아니라, 있는 그대로 받아주는 느낌. 그런 경험을 할 때 우리는 긴장을 내려놓고 안도하게 된다.

우리 모두가 타고난, 스스로 조율하고 치유해 균형을 되찾는 능력은 내가 누군가에게 진실로 받아들여졌을 때 가장 잘 발휘된다.

진실로
함께한다는 것

힘들어하는 사람 곁에 당신은 어떻게 함께 있어주는가?

고통과 불편한 감정들로 가득한 타인과 함께 있어주려면, 먼저 자기 자신의 감정을 잘 담아낼 수 있어야 한다. 자신과 함께할 수 있는 사람만 타인과 함께할 수 있다.

힘들어하는 사람 곁에 우리가 그냥 가만히 있어주지 못하는 이유는, 대개 내 안에서 올라오는 불편한 느낌 때문이다. 그래서 그보다 쉬운 조언과 격려, 응원이나 칭찬을 택한다.

상대의 먹구름이 내게 들어오지 않도록, 먹구름을 걷어버리고 태양을 비추려 한다. 하지만 타인의 날씨를 억지로 바꾸려는 시도는 종종 실패한다.

상대의 먹구름이 내게
들어오지 않도록, 먹구
름을 걷어버리고 태양
을 비추려 한다.
하지만 타인의 날씨를
억지로 바꾸려는 시도
는 종종 실패한다.

내가

이렇게까지 하는데

그를 위해 했다고는 하지만 그 모든 것이 나 자신을 위해 한 것임을 알 때 우리는 어느 누구도 원망하거나 탓하지 않게 된다.

우리가 누군가에게 잘하려고 지나치게 애쓰는 것은 다음의 몇 가지 이유 중 하나 때문이다.

첫째, 상대방 마음이 불편해지는 게 싫어서다. 그가 불편해지면 내게 불똥이 튈까 봐 애초에 차단하는 것이다. 그를 위해서라기보다는 내게 일어날 화를 예방하기 위한 것이며, 나 자신의 불안을 낮추기 위해 애쓰는 것이다.

둘째, 상대방을 싫어하는 마음을 들키지 않기 위해서다. 평소 그 사람이 밉거나 싫거나 별로 좋지 않게 생각되는데 맞닥뜨렸을 때, 종종 우리는 더 친절하게 잘 대해주면서 내적으로 불편한 상황을 무마하려 한다.

셋째, 자기 존재감을 확장하기 위해서다. 자신을 타인에게 확장하려는 욕망인데 이를 알아차리기란 매우 어렵다. 조언을 한다고 하면서 상대방이 듣기 싫어하는 잔소리를 늘어놓고, 도와준다는 명분으로 타인의 영역을 침해하는 것은 모두 그에게 영향을 끼치려는, 나르시시즘에서 비롯되는 행동이다. 그가 나를 닮아가게 하려는, 더 많은 '나'를 만들어내려는 암묵적 시도라고 해도 과언이 아니다.

넷째, 자기 자신에 대한 좋은 이미지를 타인에게 심어주기 위해서다. 세상 사람들의 비평이나 칭찬을 중시하며 모든 사람에게 사랑받기 위해 노력하는 사람이다.

다섯째, 상대방을 통제하기 위해서다. 자기가 바라는 대로 상대방이 행동했으면 하는 욕망을 가린 채, '나는 이렇게까지 너를 위해 애쓴다. 그러니 너도 이 정도는 해야 하지 않겠니?' 하고 온몸으로 보여주는 것이다. 자녀, 배우자 등을 포함해 가족에게 지나치게 노력하는 경우가 이에 해당한다.

위의 다섯 가지 동기 모두, 알고 보면 '그 사람을 위한 것'과는 거리가 멀다. **어떤 동기에서 비롯되었든, 누군가를 위한 지나친 노력은 '누군가'가 아니라 '자기 자신'을 위한 것임을 알 수 있다.** 우리는 자기 자신 때문에 그렇게 애쓰면서, 뜻대로 되지 않으면 상대방 탓을 한다. 나를 위해 했으면서도, 종종 그 시발점을 잊고서 억울해한다.

역할을
___
입다

우리는 끊임없이 누군가에게 무언가가 되려 한다.

자신이 잘 쓰이기를 바라고, 존재감을 확인받기 위해 평생을
애쓴다.

그래서 서둘러 역할을 입다가 그 역할에 데여 물러난다.

왜 역할은 서서히 생기지 않는가.

왜 한번 굳어진 역할은 유연하게 변화되기 어려운가.

고기 굽는
남자

어느 강의 중에 있었던 일이다. 이날 주제는 관계 속 갈등에 관한 것이었는데, 심리학적 설명을 열심히 집중해서 듣고 있던 한 중년의 남자가 손을 들었다.

"이런 질문을 해도 되는지 모르겠는데요. 저는 회식을 가면 항상 고기 굽는 역할을 하거든요. 그런데 꼭 얌체같이 다 굽기도 전에 집어가는 사람 있잖아요. 그런 사람 어떻게 해야 되나요?"

여기저기서 웃음이 터져 나왔다. 조용하던 좌중은 서로 얘기를 주고받으며 킥킥댔다. 순간 강의실을 무겁게 누르던 진지함은 어느 새 사라지고 흥미롭고 경쾌한 분위기가 되었다. 그 덕에 나는 농담 한마디를 했다.

"진작 이런 얘기를 좀 해주시지 그랬어요. 지금까지 심리학적 설명을 들으면서 여기 계신 분들 얼굴이 좀 불편해보였는데, 고기 얘기가 나오니까 확 밝아졌네요. 훨씬 낫네요."

뒤쪽에 앉아 있던 다른 중년의 남자가 응수했다.

"구워준 걸 잘 먹는 사람이 있으니까 그 보람으로 굽는 거 아
녀?"

하지만 질문자는 동의하지 않는 눈치였다.

"아니, 완벽하게 다 굽기도 전에 가져가니까 그게 싫은 거죠."

좌중은 다시 웃음과 대화로 시끌시끌해졌다. 내가 물었다.

"아, 선생님께는 고기를 완벽하게 잘 굽는 게 중요한 것 같군
요."

질문자는 당연하다는 듯 말했다.

"그럼요. 굽는 것도 다 순서가 있고 방법이 있는 건데, 그걸
중간에 방해하면 짜증나죠."

"다른 분들 이야기 나누면서 편하게 식사하라고 고기 굽는
역할을 맡아주는 거죠? 기본적으로 이타적인 행위인데 그것
에도 너무 치우치면 자신도, 옆에 있는 사람들도 불편해질
수가 있겠어요. 게다가 친한 사람들끼리 더 친하게 지내려고
모여서 식사를 하는 건데, 그 와중에 선생님은 모인 사람들
보다, 고기가 어떻게 구워지고 있나 거기에 과도하게 주의를
집중할 우려가 있겠네요."

"그럼 저는 앞으로 어떻게 해야 하죠? 고기를 굽지 말아야
하나요?"

"항상 굽는 역할만 하신다고요?"

"네. 저는 그게 편해요. 무엇보다, 다른 사람이 굽는 건 마음
에 안 들어요. 제가 잘 구워요."

강의실은 한 번 더 웃음바다가 되었다.

나는 다음과 같이 제안했다.
"한번 다른 사람이 굽는 대로 내버려두면 어때요?"
"그러면 굉장히 불편하고 어색할 것 같은데요."
"쉽진 않겠지만, 그 불편함과 어색함을 한번 견뎌보세요. 있는 그대로 경험하면서 그 순간의 나를 잘 관찰해보세요. 어떤 마음이 오고 가는지, 어떤 행위를 내가 하고 있는지."
"왜 그래야 하죠? 몇십 년간 해온 역할인데…."
"그래야 하는 건 아니죠. 선생님께서 고기를 굽는 것도 누가 그러라고 해서 하는 건 아니잖아요. 그것도 내가 스스로 부여한 역할인데 그 역할만 붙들고 계신다는 거잖아요. 그러니 고기 굽지 않는 자의 역할도 한번 해보시라는 거죠."

"그렇게 하면 뭐가 도움 될까요?"
"내가 어떤 역할에 지나치게 매여 있을 때는 이유가 있는 거거든요. 그 이유를 알려면 우선, 그 역할을 하지 말아봐야 해요. 안 할 때 내 마음에 어떤 일이 일어나는지 살펴봐야죠."
"그냥… 싫을 것 같은데요?"
"어떻게 싫을까요? 무엇이 특히 싫거나 불편할까요? 더 구체적으로 답을 해달라고 자신에게 한번 물어보세요."
"저한테요?"

"네. 누가 더 잘 얘기해줄 수 있겠어요. 나 자신한테 물어봐야죠. 비슷한 상황에서 하던 역할을 안 할 때 무엇이 특히 불편하고 싫은지, 어떤 느낌이 드는지 찬찬히 살펴보세요. 그 느낌을 피하려고 내가 고집스럽게 고기 굽는 자의 역할을 맡고 있는 것일지 모르니까요. 그리고 사람이 다양한 역할을 해봐야 나이 들어도 마음이 유연해질 수 있으니, 안 해본 역할놀이는 이래저래 도움이 돼요. 내가 늘 고기를 굽기만 했으면 이번에는 다른 사람이 굽는 것을 바라보고, 다른 사람 손에 고기가 구워지도록 맡기고 기다리는 것도 해봐야 이런저런 입장을 두루 이해할 수 있는 여지가 생기지 않을까요?"

세상에 대해 하는 말은
자기 자신에 대해 하는 말

자기 자신을 어떻게 대하는지 알고 싶다면 자신이 세상을 어떻게 대하고 있는지 보면 알 수 있다.

사람들은 어떻다, 세상은 어떻다고 말할 때 우리는 늘 자기 자신에 대해 말하고 있는 것이다.

타인에게 윽박지르는 사람은, 평소 자신의 어떤 모습을 윽박지르면서 억압하는 게 몸에 배 있다. 자주 욱하는 사람은, 자신의 어떤 면에 대해 감추고 회피하려다 드러나면 욱한다. 남을 자주 비난하는 사람은, 자기 자신의 어떤 면을 비난하고 비판하거나 자책한다.

많은 사람이 함부로 대하는 것은 자기 자신인데, 남을 미워하거나 싫어한다고 착각한다.

사람들은 어떻다, 세상은
어떻다고 말할 때 우리는
늘 자기 자신에 대해 말하
고 있는 것이다.

그가 먼저일까
나의 그리움이 먼저일까

누군가를 너무 오랫동안 그리워하다 보면

내가 그리워했던 것이 그 사람이었는지
그리움 그 자체를 그리워한 것인지
그가 내게 먼저 있었는지
그리움이 먼저 존재했는지

어느 쪽이 먼저였는지
알 수 없게 되어버린다.

우리는 서로 자신도 모르게
해를 끼칠 수 있다

"누군가가 당신을 고통스럽게 한다면, 그건 그 자신의 내면이 심하게 고통받고 있어서 마침내 그것이 밖으로 넘쳤기 때문입니다. 그에게 필요한 것은 처벌이 아닙니다. 그는 도움을 필요로 합니다. 그것이 그가 우리에게 보내는 메시지입니다."[8]

틱낫한의 말이다. 인간이라면 누구나 좋은 사람, 멋진 사람, 훌륭한 사람으로 살기를 원하고 사랑과 존중, 인정과 칭찬을 받고 싶어 한다. 어떠한 이유로든 그게 잘 되지 않아 내면이 고통으로 물들어가고, 그 고통이 밖으로 새어나왔을 때 그의 이웃인 우리는 무엇을 해야 할까? 사랑으로 모든 것을 초월한 성자처럼 대해야 할까? 타인을 이해하고 보듬어주기 위해, 내 아픔과 고통을 별 문제 아닌 것처럼 치부해야 할까? 그런데 과연 그럴 수 있을까?

타인을 비난하거나 처벌하려 들지 말라는 것은, 당신이 입은

해에 대해 침묵하라는 얘기가 아니다. 자기 자신의 고통에 귀 기울이지 않으면서 타인의 고통을 이해할 수는 없다. 자기 내면의 목소리를 억압하거나 외면하면서 타인의 목소리를 들을 수는 없는 법이다. 세계적인 영적 지도자이자 티베트 불교계를 대표하는 여성 승려 페마 초드론은 오히려 당신이 해를 입었다는 사실을 그대로 인정하는 것이 중요하다고 말한다.

> "사람들이 서로에게 해를 입히는 것은 엄연한 현실이다. 내가 타인에게 해를 입히기도 하고, 타인이 나에게 해를 입히기도 한다. 이것을 아는 것이, 있는 그대로 명확하게 보는 것이다."[9]

초드론은 먼저 내게 해를 끼친 상대를 미워하는 마음이나 어쩔 줄 몰라 괴로워하는 감정과 친구가 되라고 한다. **타인으로 인해 내게 일어난 분노, 슬픔, 아픔, 상실감에 대해 하나하나 들여다보고 인정할 때, 나 자신의 고통을 무시하거나 외면하지 않고 있는 그대로 명확하게 볼 때, 타인이 느끼는 고통이나 감정도 받아들일 수 있다는 것이다.** 상대방도 나와 마찬가지로 약점이 있고 취약해지는 순간을 경험하며 고통 속에 살아간다. 우리는 자신도 모르게 누군가에게 해를 끼칠 수 있으며, 누군가도 의도치 않게 내게 해를 끼칠 수 있다. 그런 의미에서 그가 나와 다르지 않고, 그들이 우리와 다르지 않다는 것을 실감한다면 우리가 사실은 하나로 존재한다는 진실에 한 발 더 가깝게 다가갈 수 있다.

아이에 대한 태도는
나 자신에 대한 태도

아이만 보면 참을 수 없다고 말하는 부모들이 의외로 많다. 화 안 내고 차분히 설명해야지 마음먹다가도, 갑자기 분노가 치밀어 올라 소리를 지르게 된다. 거의 조건반사적으로 튀어나오는 행동이다. 아이에게 너무 심하게 했나 반성하고 사과한 뒤에도 뭔가 찜찜하다. 왜냐하면 다음에도 그러지 않으리라는 보장이 없기 때문이다.

밖에서는 순하고 친절하고 부드러운 사람이 집 안에서는 냉정하고 차갑고 무섭게 돌변하는 경우가 많다. 어느 쪽이 진짜일까? 타인에게 자기 모습을 숨기는 것일까? 가족에게 보이는 모습이 진짜 참모습일까? 그렇지 않다. 양쪽 다 그 사람의 모습이다. 더 정확히 말하면 그 사람을 구성하고 있는 부분들의 모습이며 참본성은 아니라고 할 수 있다.

아이에게 엄하고 자주 화를 내는 사람치고 대충 대충 사는 사람이 없다. 모든 것을 정말 열심히 하며, 잘하려고 애쓰는 사람들이다. 양육도 잘하고 싶고 좋은 부모가 되고 싶은 마음에 그런 것이기 때문에 내가 아이에게 소리 지르거나 화내거나 욕을 했다는 사실에 또 한 번 충격을 받고 자책한다. 이런 사람들은 자기 자신에게 매우 엄하고 냉정한 태도를 갖고 있는데 그것을 잘 알지 못한다.

'내가 이것 때문에 잘 안 되었으니까, 내 자식만큼이라도 이런 실수를 반복하지 않게 해주어야지!'라는 마음으로 아이를 바라보는 순간, 아이에게서는 그 약점만 보인다. 다른 다양한 면모들은 보지 못하고, 오직 그 고쳐야 할 부분만 커 보이게 된다. 아이는 나와 다른 인격체이며, 다른 맥락과 다른 문화에서 살아가고 있는 별개의 한 사람인데 그걸 잊어버릴 때가 많다. 오히려 해결되지 않은 자기 문제를, 아이를 통해 극복하겠다고 분투하는 격이다. 하지만 아이는 극복할 이유가 없다. 아이에게는 그것이 문제가 아니기 때문이다. 그것은 부모인 나의 문제다.

아이에게 무턱대고 친절하고 상냥하게 대하긴 어렵다. 그러려면 먼저 자기 자신의 약점에 대해 따뜻하고 부드러운 시선으로 바라봐야 한다. **나 자신을 있는 그대로 받아들일 때, 아이에 대해서도 나와 다른 점이나 이해하기 어려운 점도 허용할 수 있는 여지가 생긴다.** 아이가 만약 당신의 말을 듣지 않거나, 당신과 갈등을 일으키고 있다면 "왜 내 말을 듣지 않니! 도대체 몇 번을 말해야 알겠니!"라고 외칠 것이 아니라, '왜 나는 저 아이의 말을 듣지 못하는가?' '나는 저 아이에 대해 무엇을 이해하지 못하고 있는 것일까?'라고 자문해보아야 한다. 내 눈의 어떤 필터가 아이를 바로 보지 못하게 하는지 들여다보아야 한다.

자기 자신과
일주일을 보낸다면

우리가 타인을 혐오하고 배척하는 것은, 내 안의 어떤 두려움을 건드리기 때문이다. 자기 자신과 깊게 연결되어 있어서 어떤 경험과도 있는 그대로 접촉할 수 있다면, 싸우거나 회피할 필요가 없게 된다. 자신의 내면 풍경 전체를 보는 사람은 자신의 어떤 면을 극단적으로 싫어하거나 미워하지 않는다. 그래서 타인의 어떤 면도 지나치게 싫어하거나 미워하지 않게 된다.

그러므로 타인에 대한, 세상에 대한 이분법적 태도는 곧 자기 자신에 대한 이분법적 태도를 드러내는 것이며, 감정의 문제라기보다는 욕망의 문제이고 자기 자신과의 관계에 대한 문제다.

우리가 타인에게 친절하지 못하는 것은 자신에 대한 친절함이 부족하기 때문이고, 타인에게 참을성을 발휘하지 못하는 것은 자기 자신에 대한 참을성을 기르지 못한 것에서 비롯된다.

그렇다면 나 자신에 대한 친절함과 참을성은 어떻게 기를 수 있을까? **당신이 만약 자기 자신과 단 둘이서 일주일을 보내야 한다면, 어떤 내면의 대화들을 나눌 수 있을까?** 세상에서 둘도 없는 다정한 친구처럼 조곤조곤 이야기할 수 있을까? 판단하거나 평가하지 않고, 내 안의 다양한 부분들의 이야기를 조건 없이 들어줄 수 있을까? 당신은 과연 당신 자신만의 이야기를 참을성 있게 기다릴 수 있을까? 그러려면 무엇이 필요할까?

사랑일까
나르시시즘일까

타인과 잘 지내려 애쓰지만, 잘 지내려고 최선을 다해 애를 쓸수록 오히려 관계가 잘 풀리지 않을 때가 있지 않은가? 타인과 잘 지내는 법에 대한 방법을 모르는 경우도 있고, 의사소통 방법이 서투르거나 이른바 센스가 부족해서 그런 경우도 있다. 어떤 사람들은 뭔가를 도와주거나 사주거나 잘 대해주면 친한 사이가 될 것이라고 착각하기도 한다. 그래서 일단 '사심 없이' 잘해주다가 나중에는 자신이 들인 노력이나 마음, 물질적인 것 등을 포함한 본전 생각에 빠져들면서 섭섭해하거나 괴로워한다.

그런 의미에서 내가 상대방에게 뭔가를 해준다는 것은 상대를 위한 마음에서 나온 행위일 수도 있지만, 사실 내 뜻대로 상대를 통제하려는 마음이나 상대의 관심을 얻으려는 마음, 혹은 나 자신이 멋지고 좋은 사람으로 보이고자 하는 동기에서 나오는 것일 수도 있다.

두 가지는 어떻게 구분할 수 있을까? 만약 순수하게 상대를 위한 마음에서 뭔가를 했다면 그 결과를 기대하지 말아야 한다. 물리적 보답이든 심리적 보답이든, 어떠한 말이나 행동으로도, 미소조차 돌려받겠다는 마음이 없어야 한다. 지나가는 사람에게 길을 가르쳐주는 정도의 마음으로, 조건 없이 가볍게 선행을 하는 것이 순수한 이타심의 행위이다.

반면 내가 애를 써가면서 상대를 위해 뭔가를 하거나 어떤 방향으로 이끌려고 한다면, 혹은 상대에게 나를 중요한 사람으로 각인시키려 한다면 그것은 전혀 상대방을 위한 것이 아니다. 오직 자신의 존재를 확장하고자 하는 욕구에서 나온 행동이기 때문에 그때의 마음은 이타심이라기보다, 나르시시즘에 가깝다.

많은 사람이 '사랑'이라는 이름으로 잘해주었다고, 헌신했다고 생각하지만 대부분 착각이다. 내 존재의 확장, 내 존재감의 확인을 위한 것이기 때문에 그것이 잘 받아들여지지 않을 때 좌절하거나 원망하게 된다. 진심으로 상대를 아끼고 위하는 마음이었다면, 좋은 뜻으로 한 말과 행동은 좋은 것으로 이미 끝났어야 한다. 뒤늦게 셈하고 따지거나, 후회하고 괴로워할 이유가 전혀 없는 것이다. 그가 나를 거절하거나 거부하더라도, 그것이 상대에게 좋은 것이겠거니 생각하고 밝은 얼굴로 인사할 수 있어야 한다. 그게 가능하지 않다면, '사랑'이라고 스스로 속이지 말고 '내 욕구를 해결하고 내 존재감을 느끼기 위해 상대에게 나를 확장하고 있다'고 스스로 인정하는 편이 낫다. 그러면 최소한 원망하고 괴로워하는 마음은 생겨나지 않는다.

진심으로 상대를 아끼고 위하는 마음이었다
면, 좋은 뜻으로 한 말과 행동은 좋은 것으로
이미 끝났어야 한다.
뒤늦게 셈하고 따지거나, 후회하고 괴로워할
이유가 전혀 없는 것이다.

두 사람이
하나가 되는 일이 가능할까

우리가 비슷한 사람에 끌리는 이유는 왜일까? 바로 융합 본
능 때문이다. 우리는 하나가 되고자 한다. 하나가 됨으로써
삶의 광막함에서 오는 공포를 잠시 잊으려 한다. 모든 만남
은 기대와 찬탄으로 시작된다. 하지만 차이를 알아보고 이야
기하면서 실망과 아쉬움이 싹트기 시작하다가 결국 둘이었
음을 알아차리게 된다.

두 사람이 완전하게 하나가 되는 것은 환상이지 실제로 가능
하지 않다. 각자의 욕구와 감정, 생각과 가치관은 다를 수밖에
없다. 그래서 융합에 대한 시도는 늘 실패할 수밖에 없다. 서
로 닮음에 이끌려 만났다 하더라도, 차이를 받아들이면서 외
연을 확장해가는 것. 그것이 타자와의 관계를 가능하게 한다.
자기 가치나 존재감을 확인하기 위해 타인을 붙들고 있으면
서 그것을 사랑이라고 착각하기 쉽다. 타인을 무의식적 욕망
의 대상으로 희생시키지 않아야 한다. 그래서 쉽지 않다.

'우리'가 더 이상
'우리'가 아님에서 오는 공포

> "공포는 동일자가 갑자기 타자가 되는 데서 생겨난다. 타자가 동일자가 될 때 사랑이 싹튼다. 타자의 변모는 경이이며 공포다."[10]

문학평론가 김현이 쓴, 이른바 '타자의 철학'이다. 사랑을 느꼈던 동일자가 갑자기 타자가 되는 것. 며칠 전까지만 해도 가장 가깝다고 여겼던 사람이 남이 되어버리는 것. '우리'였던 것이 더 이상 '우리'가 아니게 되는 것. 그것이 이별이다. 그럴 때 우리는 나름의 퍼즐 조각들을 맞추며 이유를 알아내려고 애쓴다. 납득할 만한 논리를 찾으려 한다. 그런데 누구에게, 무엇을 설명한단 말인가. 관계는 언제부턴가 분명 달라지지만, 무엇이 왜 달라졌는지는 영영 알 길이 없다.

**우리는 종종 무엇이 왔다 가는지도 모르는 채,
이별한다.**

이별의
의미

어느 순간 정말 마음이 잘 통하는 사람도 어떨 때는 남처럼 낯설어진다. 이 사람이 그 사람 맞나 싶을 정도로 다르게 느껴지기도 한다. 그러면 우리는 대개 이전의 친밀함을 의식하며 상대에게 잘하려 애쓴다. 어색한 느낌을 들키지 않으려고 더 친절하게 대하거나 괜히 수다스러워지기도 한다.

하지만 그렇다고 해서 예전의 그 느낌이 다시 생겨나는 것은 아니다. 우리의 모든 경험이 그러하듯, 누군가와의 만남도 시간과 장소에 얽혀 있다. 그때 그 만남은 결코 재현되지 않는다. 모든 만남은, 어느 한 순간의 만남이다.

그러니 관계의 변화에 대해, 이별에 대해 너무 심각하게 생각할 필요는 없다. 지나치게 많은 설명을 하거나 설명을 요구할 필요도 없다. 이별 이후에 겪어야 할 감정적 경험들은 담담하게 각자의 몫으로 간직하자.

이별이란 상대와 하는 것이 아니고 자기 자신과 하는 것이니까. 내 안의 어떤 일부를 떠나보내는 일이자, 새로운 자아를 만들어가는 일이기도 하니까.

관계는
나아간다

영화 〈레이디 버드〉는 감독 그레타 거윅 자신의 경험을 토대로 만든 엄마와 딸의 이야기다. 매리언은 성실하지만 통제적인 성향을 가진 전형적인 옛날 엄마다. '옷을 왜 거기 벗어놓니, 방 정리는 언제 할 거니, 내가 도대체 몇 번을 말해야 알아듣겠니…' 잔소리를 끝없이 해대는 그녀이지만 그럴 만한 이유가 있다. 남편은 부드럽고 인자한 성품이지만 실직을 했고 경제적 부담을 짊어지게 된 그녀는 밤 근무까지 추가로 맡으며 고된 간호사 업무를 이어간다.

딸 크리스틴은 십 대의 아이들이 그렇듯 멋지고 화려한 삶을 소망하지만, 그로부터 거리가 먼 세계에 살고 있다. 엄마가 재봉틀로 수선해주는 옷을 입고 파티에 가야 하는 빠듯한 경제 사정이 싫고, 그런 현실을 자꾸 일깨워주려는 엄마가 밉다.

어느 날 밤 크리스틴의 부모는, 크리스틴의 대학교 진학을 앞두고 재정난에 대해 의논을 하고 있었다. 부모의 마음을 헤아리기에는 아직 너무 젊고 열정적인 딸은 밖에서 신나게 놀다가 밤이 늦어, 들키지 않으려고 살금살금 방으로 들어온다. 매리언이 방문을 열고 들어와 옷가지를 정리하며 핀잔을하자 크리스틴은, 자신을 조금도 이해해주지 못하는 엄마에게 묻는다.

"엄마는, 엄마한테 혼나서 슬펐던 적이 없어?"

방을 나가려던 매리언이 뒤돌아 말한다.

"우리 엄마는…, 날 학대하던 알콜중독자였어."

매리언의 강박적인 성향, 끊임없이 일하는 모습, 감정이 하나도 느껴지지 않을 정도로 냉담하고 엄한 태도가 이 한 문장을 통해 충분히 이해하고도 남는다. 어린 시절 학대받았던 아이들은 자신에게 혹독한 사람으로 성장하기 쉽다. 아무것도 할 수 없는, 무능하고 무기력한 느낌이 너무 싫어서 자신을 끝없이 채찍질하며 해야 할 일들로 몰아간다. 과도한 책임을 스스로 짊어지며 남에게 폐 끼치지 않고 쓸모 있는 사람이 되고자 지나치게 애쓴다. 이들에게 쉬거나 노는 것은 죄책감을 불러일으킬 정도다.

이러한 매리언에게서, 예술적 감성이 풍부하고 노는 것을 좋아하는 자유분방한 딸 크리스틴이 탄생했다는 것은 역설적이다. 학대받은 자가 학대를 대물림하지 않기란 매우 어려운 일인데 매리언은 성공한 것 같다. 엄마의 잔소리와 비난에 아랑곳하지 않고 자신의 감정과 욕구에 충실하며 자기 길을 스스로 책임지며 걸어가는 당당한 딸을 키워냈으니 말이다. 어쩌면 그녀는 자신의 딸 덕분에 굴레를 끊고 나오게 될지도 모른다.

이 영화의 백미는 아마 이 장면이 아닐까 싶다. 엄마의 반대를 무릅쓰고 그토록 원하던 대학에 합격해, 멀리멀리 집을 떠나게 된 크리스틴은 해방감에 젖어 출발하지만, 그녀를 공항에 데려다주고 무미건조한 얼굴로 차를 운전해 돌아오는 매리언의 얼굴에는 눈물이 쏟아진다. 따뜻한 격려의 말 한마디 하지 않았던 그녀였지만 딸을 떠나보내는 마음은 아프고 시리다. 이별을 받아들여야 하지만 매리언은 아직 준비가 되지 않았다. 아니, 이별에 준비 따위가 무슨 의미가 있겠는가. 이별은 늘 낯설 뿐이다.

우리가 맺는 다양한 관계에는 기본이 되는, 어떤 원형(原形)이 있다. 지금의 관계들은 어린 시절 경험했던 관계들의 변형, 혹은 확장이다. 사람에 대한 기본적인 믿음과 태도가 각자의 원형에서 비롯된다.

하지만 그렇다고 해서 과거 관계가 현재 관계를 결정짓는 절대적인 동력은 아니다. 중요한 대상과의 새로운 관계 경험이 원형에 변화를 가져올 수 있다. 매리언은 딸과의 분리 경험을 통해 더 유연해질 것이다. 통제하던 것들을 내려놓고 조금씩 자신의 채찍으로부터 물러날 수 있게 될 것이다. 왜냐하면 매리언에게 새로운 관계의 원형이 새겨질 것이기 때문이다. 비난하고 간섭하고 통제하면서 억지로 가깝게 붙드는 것이 아닌, 거리를 두고 각자 자신의 자리에 있지만 친밀하게 지낼 수 있다는 경험. 이러한 경험은 매리언에게 새로운 관계의 원형을 새겨줄 것이다. **엄마만 딸에게 관계의 원형을 새길 수 있는 게 아니고, 딸 역시 엄마에게 새로운 원형을 새겨 넣을 수 있다. 그렇게 관계는 나아간다.**

욕망은
밖에서 오는 것 ————————

4.

인간의 욕망은 타자의 욕망이다.

– 자크 라캉

감정은
욕망을 드러내는 창문

오늘날 대부분의 심리상담은 감정에 대해 탐색하고 토로하는 것에 초점을 맞춘다. 그것은 감정 그 자체가 중요하기 때문이 아니라, 욕망에 대한 정보들이 감정에 들어 있기 때문이다. **감정을 따라가다 보면 결국 해결되지 않은 욕망을 만나게 된다. 감정은 '욕망을 드러내는 창문'이라 할 수 있다.**

심리상담, 혹은 심리치료란 결국 감정, 혹은 경험의 탐색을 통해 드러난 자신의 욕망의 구조를 이해하고 욕망의 문제들을 해결하는 과정이다. 명백히 드러나는 욕망도 있지만 무의식적 수준에서 영향을 미치는, 잘 드러나지 않는 욕망들도 있다. 감정이 다른 감정을 가리듯, 욕망도 다른 욕망을 가려잘 보이지 않기도 한다.

외로움, 슬픔, 그리움, 화, 분노, 적개심, 불안, 수치심, 열등감, 공허감…. 일일이 다 이름 붙일 수 없을 정도로 다양한 감정

들이 있지만, 욕망이 없다면 감정도 없다. 프랑스의 정신의
학자 우구를리앙의 절묘한 표현대로 "감정이란 모방적 관계
의 여러 발전 단계의 덧없는 색깔일 뿐이며, 행위를 결정하
는 것은 감정이 아니고 욕망이다."[11] 우리가 다양한 감정을
경험하는 이유는, 그 뒤에 다양한 욕망과 욕구들이 있기 때
문이다.

욕망의 출처는
외부에 있다

욕망(Desire)이란 무엇일까? 목이 마르면 물을 찾고, 추우면 옷을 덧입는 것처럼 생리적 욕구(Needs)가 아닌, 생존과 직접적 관련은 없지만 원하는 것이다. 욕구가 절대적이라면 욕망은 상대적이다. 개인차, 문화차가 크게 나타난다.

남편에게 순응하고 내조 잘하는 아내를 높이 평가하던 시대에 살던 여성들은, 자신의 가치를 높이기 위해 집안일을 배우고 좋은 집안의 남자를 만나 결혼하는 것을 꿈꾸며 살았다. 그런 시대를 살던 여성들의 욕망이란 자기가 원하는 것을 생각하고 추구하는 것이 아니라, 가정을 잘 꾸림으로써 그 안에서 탄탄한 존재감을 확보하는 것을 향해 있었다.
반면 개인의 능력이 중요한 시대에 사는 여성들은 자신의 영역이나 직업에 대해 이해와 존중을 받을 수 있는, 상호 협조적 부부 생활을 유지할 수 있는 배우자를 찾는다. 남편이 밖에서 일만 하는 게 아니라, 주말이면 집 안에서 아이와 함께

놀고 가사도 나누어 맡는 시대가 되었다. 시대와 문화가 달라지면서, 욕망도 그에 따라 달라진다.

외모를 가꾸는 것이 매우 중요한 사회에 태어난 사람은, 예쁘거나 멋있다고 알려진, 미디어에 자주 등장하는 연예인을 보면서 닮아가고자 애쓴다. 그 모델이 착용한 옷이나 신발, 액세서리를 따라 사거나 비슷한 것을 사기도 한다. 돈을 많이 버는 것이 최고의 가치로 여겨지는 사회에 태어난 사람은, 성공신화를 세운 부자들이 어떤 생각을 했고 무슨 일을 했는지 들여다보며 삶의 궤적을 따라간다.

어느 멋진 기업가가 매일 아침 30분씩 책을 읽는다는 기사를 접하고 매일 아침 30분씩 독서를 하기로 했다면, 이 사람에게는 독서에 대한 욕망이 있는 것이 아니라, 그 기업가처럼 성공하는 것에 대한 욕망이 있는 것이다. 마찬가지로 연예인의 핸드백을 따라 사는 사람은 핸드백을 욕망하는 것이 아니라, 그 연예인이 누리는 인기나 사랑, 아름다움을 욕망하는 것이다.

이처럼 인간의 욕망이란 결국 '타인의 상태에 대한 욕망'이다. 우리는 늘 누군가의 무언가를 모방하고 베끼고 따라한다. 욕망은 여기저기서 흘러와 내게 덧붙여진다. 어린 시절 양육자나 형제자매에게서, 학창시절 교사에게서, 또래친구에게서, 책이나 영화에서 만난 멋진 주인공에게서, 사회생활을 하면서 만난 사람들에게서, 미디어를 통해 접한 인물에게서.

우리의 욕망은 모두 누군가에게서 왔다. 당신의 욕망은 당신의 내면에서 나온 게 아니라 밖에서 왔다. 무언가를 보고 듣고 느끼며 베낀 것이다. 학습되는 것이고 나도 모르는 사이에 따라하는 것이다. 그래서 사람들은 무언가를 막연히 원하면서도 왜 그걸 원하는지 정확히 답하지 못한다.

욕망은 안이 아니라 밖에서 왔다.

그래서 사람들은 무언가를 막연히 원하면서도

왜 그걸 원하는지 정확히 답하지 못한다.

엄마의 예쁘다는 말이
듣고 싶은 딸

예전에 오십 대 후반의 어머니를 상담한 적이 있었다. 그분에게는 대학생인 딸이 둘 있었는데, 둘 다 섭식장애를 앓고 있었다. 체중 감량을 하느라 몇 년간 한약, 양약 등 가리지 않고 복용하다가 급기야 거식증까지 걸린 것이었다. 그런데 어머니의 얘기가 인상적이었다.

"우리 딸들은 다 어릴 적부터 참 예뻤고, 어디 데리고 나가면 사람들이 가다가 뒤돌아 볼 정도로 예뻤는데…"라면서 말끝마다 '예쁘다'는 말만 하는 것이었다. 다른 얘기를 하다가도 딸의 얘기만 나오면 결국 외모에 대한 얘기로 돌아왔다. 딸들에게도 평소에 "너는 참 예쁘고 살을 조금만 빼면 더 예쁘겠다"고 말했다고 했다. 이 어머니는 칭찬을 할 때도 외모를 언급했고, 외모에 대한 격려나 조언을 주로 했다. 밖에서 만나고 온 타인에 대해 딸들에게 설명할 때도, 그들의 외모가 어땠는지부터 얘기했다. 두 딸의 외모에 대한 집착, 혹은 욕망이 어디에서 비롯되는지 알 것 같았다.

인간의 욕망이 자발적이고 개인적인 것이 아니라 모방에서
비롯된다고 설명하는 모방이론의 창시자 르네 지라르가 말
했듯, "열정과 욕망은 우리가 자신의 저 밑바닥에서 끌어올
리는 것이 아니고 항상 타인으로부터 빌려 오는 것이다."[12]
**당신의 지금 가장 큰 욕망은 어디에서 비롯되는가? 그 질문
부터 시작해볼 필요가 있다.**

이 빨간색 자동차는 친구가
갖고 싶어 한 것이니까

아이들이 노는 장면을 관찰해보면, 욕망을 모방한다는 게 무엇을 뜻하는지 쉽게 알아차릴 수 있다. 두 아이가 놀이방의 장난감 바구니를 향해 간다. 아이 1이 먼저 빨간색 자동차를 집어 들었다. 아이 2는 파란색 자동차를 보며 잠시 망설이다가 자신도 빨간색 자동차를 원한다고 말한다. 아이 2의 엄마는 당황하여 빨간색 자동차는 하나밖에 없으니 파란색이나 노란색을 갖고 놀면 안 되겠느냐고 한다. 엄마가 자신에게 힘을 불어넣어주기는커녕, 빨간색 자동차를 체념하라고 하자 아이 2는 좌절해 울기 시작한다. 자기도 빨간색을 가장 좋아한다고 흐느끼면서 말이다. 아이 2에게 세상은 불공평한 것이고, 자기편은 하나도 없는 것처럼 느껴진다. 자신의 엄마마저 아이 1의 편을 들어주었으니 말이다.

그런데 잠시 후, 아이 1의 엄마가 다가와 집에 갈 시간이라며 아이 1의 손을 잡아 이끈다. 아이 1은 갖고 놀던 빨간색 자동차를 내려놓고 엄마를 따라간다. 아이 2의 엄마는 반가운 마음에 '빨간색 자동차가 드디어 네 차례가 되었다'며 아이 2에게 가져다준다. 아이 2는 잠깐 들여다보다가 그새 열정이 식었는지 다른 장난감을 향해 다가간다.

엄마는 아이의 변덕에 한숨 쉬지만, 아이 2에게 빨간색 자동차가 강렬한 욕망의 대상일 수 있었던 것은 아이 1의 존재 때문이다. 물론 평소에 두 아이 모두 빨간색 자동차를 선호했을 수는 있다. 하지만 경쟁자가 없었다면 그렇게 열정적으로 빨간색을 주장하지는 않았을 것이다.

형제자매의 경우 형이나 언니가 좋아하는 것이라면 동생이 다 따라 하거나 빼앗으려고 하는 풍경을 드물지 않게 볼 수 있다. 많은 부모들은 동생이 욕심이 많아서라고 생각하지만, 이유는 다른 데 있다. **2인자는 원하든 원치 않든, 1인자를 따라 함으로써 욕망을 형성할 수밖에 없기 때문이다.**

1인자가 바라는 것은 거의 자동적으로, 2인자가 바라는 것이 된다. 1인자가 상을 받거나 칭찬받는 장면은 2인자의 뇌리에 오래도록 남아, 평생의 과업이 된다. 1인자가 처벌받거나 실패하는 사건은 2인자에게는 무조건 피해야 하는 함정이 되거나, 뛰어넘어야 하는 허들이 된다.

그런데 앞의 상황에서 다시 제3의 아이가 등장해 주인 없이 놓여 있는 빨간색 자동차로 다가가면 어떻게 될까? 그 순간

아이 2는 불현듯 잊고 있던 욕망을 다시 기억해내고는 다급히 달려가 아이 3을 제지한다.

"그거 내가 지금 갖고 놀고 있던 거야!"

놀란 아이 3이 울면서 엄마에게 달려가면 아이 2는 흐뭇하고 의기양양한 얼굴이 되어, 자신의 자랑스러운 자동차를 꽉 움켜쥐며 열정적으로 노는 모습을 보인다. 욕망이 시들해질 무렵 등장한 경쟁자 덕분에 아이 2의 욕망이 다시 활활 타오르게 된 것이다.

경쟁을 즐기는가
아니면 겁을 먹는가

형제간의 경쟁적 메커니즘을 우월함의 추구로 해석했던 아들러는 이렇게 말했다.

"맏이로 태어난 사람 중에 경쟁을 좋아하는 사람은 거의 없다. 전폭적인 사랑을 주던 부모가 새로 태어난 둘째를 향해 웃음 짓는 순간, 첫째는 경쟁에 겁을 먹고 물러난다. 경쟁을 포기하는 것이다. 한편 둘째는 태어나면서부터 이미 자신보다 앞서 달리고 있는 첫째를 인지하게 된다. 그들에게 삶은 항상 앞의 주자를 염두에 두고 달리는 레이스와도 같다. 따라서 경쟁은 당연한 것이며 어디에나 있는 것으로 생각해 거부감을 느끼지 않는다. 경쟁을 즐기고 기존의 권위에 도전하려는 사람 중에 둘째가 많은 것은 이런 이유에서이다."[13]

프로이트의 권위에 굴복하지 않고, 그를 넘어서려 했던 아들러는 실제로 집에서 차남이었다. 아들러는 프로이트 학파에서 뛰쳐나와, 유럽이 아닌 미국에서 독립적으로 활동하면서 유명해졌다. 물리적으로는 형이 지배하던 동네를 떠나되, 형과 같은 분야에서 평생 경쟁한 것이다(물론 프로이트는 아들러를 경쟁 상대로 여기지도 않았다. 그는 키가 작았던 아들러를 '땅꼬마'라 부르면서 평생 무시했다).

이를 두고 많은 이론가들은 장남이었던 프로이트에 대한 차남 아들러의 경쟁적 분투를 아들러 이론의 핵심인 열등감-우월함 추구의 축으로 설명하기도 한다.

아들러의 관점을 모방이론과 접목해서 설명해보면 더욱 풍성한 해석이 가능해진다. 첫째로 태어난 아이들은 오직 부모를 모델로 삼게 된다. **또래 모델이 앞에 하나 더 있는 둘째에 비해 첫째는 늘 불리하다. 부모의 욕망은 따라잡기도, 거부하기도 쉽지 않기 때문이다.** 대개의 경우 양육자가 욕망하는 것이 첫째의 욕망이 된다. 부모 두 사람 중에서는 자기를 더 많이 사랑해주거나 더 매력적이거나 더 많은 힘을 가진 쪽이 첫째의 모델이 될 가능성이 높다. 물론 부모 두 사람의 욕망을 모두 모방하게 될 수도 있다.

나도 모르게
이루어지는 동일시

어느 집에, 부모님이 평생 형만 칭찬하고 자신을 무시했다고 여기는 동생이 있었다. 형은 집안의 자랑거리였고, 자신은 존재감이 없었다. 부모님께 뭔가를 물어보면 늘 "형에게 물어봐라" "형처럼만 해라" 하는 답이 돌아왔다. 그에게는 오직 형만이 유일한 역할 모델이었다.

형이 태권도를 배우면 자신도 따라서 태권도를 배웠고, 형이 피아노 학원에 가기 시작하면 자신도 피아노 학원을 다녔다. 대학에 가서도 형과 같은 전공을 선택했고, 졸업해서는 형과 비슷한 업종의 회사에 취업했다. 번번이 별 의심 없이 자신도 그것을 원하고 바란다고 믿었다.

게다가 형수와 비슷한 외모의 여성을 만나 결혼했고 심지어 형이 이혼을 하게 되자, 몇 년 뒤 동생도 이혼을 하기에 이르렀다. 물론 동생이 일부러 형을 따라 하려고 그런 선택을 한 것은 아니었다. 이상하게 몇 년 간격을 두고, 형에게 일어난 것들과 비슷한 일들이 동생에게도 벌어졌지만 동생은 전혀 알아차리지 못했다. 자신은 아무리 열심히 해도 형보다 못하다는 생각에만 빠져 있었다. 이것은, 평생 동안 진행된 동일시의 예다.

우리는 욕망의 타자성과 모방성에 대해 무지하기 때문에, 모델에게서 욕망을 모방하고 있음을 깨닫지 못하고, 이내 모델을 경쟁자나 장애물로 여겨 선망하다가 미워하게 된다. 이러한 모델과의 경쟁을 피할 수 있는 최선의 메커니즘은 동일시이다. 무의식중에 부모나 형제자매, 친구나 동료를 닮아가는 동일시의 전략을 취하게 된다. 물론 동일시의 경우에도, 욕망의 기원을 잊고 그 욕망이 본래 자기에게 있었던 것으로 착각한다.

당신의 주변 인물들을 돌아보라. 내가 은연중에 동일시하고 있는 사람은 누구인가.

경쟁을 피할 수 있는 최선의 메커니즘은 동일시이다.
무의식중에 부모나 형제자매, 친구나 동료를 닮아가는
동일시의 전략을 취하게 된다.

서로 다른 두 사람이
닮아가는 이유

우리의 모든 욕망은 기본적으로 타인을 닮고 싶어 하는 욕망이다. 타인이 갖고 있는 무언가를 갖고자 하는 욕망. 타인의 일부를 내 것으로 취하고자 하는 욕망. 타인이 추구하는 것을 따라 추구하고자 하는 욕망. 타인의 상태에 도달하고자 하는 욕망. 자신도 모르는 사이에 누군가의 생각과 말과 행동을 따라 하게 된다.

따라서 모방의 메커니즘에 함몰되지 않으려면, 오히려 우리 마음 안에 모방의 메커니즘이 실시간으로 작동하고 있음을 염두에 두어야 한다. 욕망 하나하나의 기원을 정확히 알아내지는 못하더라도, 최소한 자신이 욕망하는 것들이 어떤 것이고 서로 어떻게 관련되어 있는지 욕망의 구조에 대해서는 파악할 필요가 있다. 그것이 당신의 의사결정과 생각, 감정, 행동 등으로 이어지게 될 테니 말이다.

왠지 미운 사람은, 내가 너무나 갖고 싶은 것을 이미 가진 사람일 수도 있고 내게 없는 것을 누리고 있는 사람일 수 있다. 너무 좋아해서 늘 함께 있고 싶은 사람의 경우에도 마찬가지다. 어떤 욕망에서 비롯되는지 좀 더 들여다보아야 한다.

두 사람의 관계에는 쌍방의 영향이 항상 작용하기에 모방과 암시는 늘 같이 일어난다. 내가 어떤 사람의 욕망을 모방한다면, 그것은 그가 나에게 자신의 욕망을 암시해주었기 때문이다.

물론 그가 일부러 내게 암시한 것은 아니다. 그의 모든 행동이 내게는 뭔가를 암시하는 것처럼 보이는 것이다. 암시를 받아 내게 일어난 욕망은 다시 그에게 암시가 되어 이번에는 그 사람이 내 욕망을 모방하게 된다.

암시가 모방이 되고 다시 그 모방이 또 암시가 되면서 관계의 상호작용을 이룬다. 그래서 **친밀하고 가까운 관계가 오래 지속되다 보면 서로가 서로를 모방하는 과정을 거쳐, 결과적으로 두 사람이 매우 닮기에 이른다.** 서로 다른 두 사람이 만나 오랜 기간 부부로 살다 보면 얼굴과 표정도, 말과 행동도, 좋아하거나 원하는 것도, 가치관이나 신념도 닮아간다. 모방을 통해 차이가 점차 사라지게 된다.

닮고 싶어 좋아했다가,
닮고 싶어 미워한다

많은 경우 우리는, 내가 남보다 못하다는 생각에 우울해하다가, 때로는 남보다 낫다는 생각을 하면서 우쭐해한다. 남과 비교하면서 경쟁하려는 경향은 내가 남과 구별되는 특별한 존재라는 착각에서 기인한다. 하지만 '나'라고 하는 것도, 그저 타인의 욕망을 모방하고 있는 존재에 불과하며, '나'라는 것이 결국 타인과의 관계에서 생겨나는 자아의 집합체에 불과하다는 것을 안다면 나와 타인이 근본적으로 둘이 아니라는 것을 깨달을 수 있다.

인간이라면 모두가 사회문화적으로 매력적인 것을 자신에게 끌어당기려 하고, 불리하거나 뒤쳐져 보이는 것을 자신에게서 없애거나 치우려고 한다. 그런 모방의 과정을 거쳐 우리는 매우 비슷해져 간다. 모방은 인간의 문명과 문화를 가능하게 하는 핵심 기제다. 모방을 통해 우리는 학습하고 지식을 전수할 수 있다.

하지만 동시에 모방은 폭력을 낳기도 한다. 타자가 어떤 대상을 욕망하면 주체도 그것을 모방하면서 욕망하기 시작하고, 모방적 욕망이 시작됐기 때문에 타자는 자연스럽게 경쟁자로 의식된다. 타자의 욕망을 모방할수록 주체의 욕망도 커지고 동시에 타자는 점점 더 주체의 욕망을 가로막는 방해물로 인식된다. 욕망의 모델이 경쟁자, 방해물, 적으로 추락하는 것이다. 그렇게 해서 갈등과 분쟁, 폭력이 심화된다.

'달라서' 미워하는 것이 아니라 '닮아가다 보니' 미워하게 되는 역설적 모습이다. 모방 때문에 경쟁하고 싸우다가 급기야 분노를 이기지 못하고 자신을 죽이거나 타인을 죽이기에 이른다. 게다가 온갖 기술의 발달로 욕망의 공유가 보편화되고 그 속도도 증가했다. 가속화된 모방의 속도만큼이나 차이가 소멸해가는 속도도 더 빨라졌다. 인류학자 르네 지라르의 말마따나 오늘날 다양성, 혹은 차이에 대한 찬양이 많아진 이유는 실제로 차이가 많아져서가 아니라 차이가 사라졌기 때문[14]일지도 모른다.

욕망을
선택하라

인간이라면 누구든 모방에서 자유로울 수는 없다. 하지만 여러 모방들 중에서 어느 하나를 '선택'할 수 있다는, 상대적 자유는 있다. 당신 앞에 있는 여러 명의 모델들 중, 누구를 모방의 모델로 취할 것인가 하는 것은 어느 정도 당신에게 달려 있다. 물론 당신이 무언가를 선택하거나 선택하지 않을 수 있으려면, 모방의 메커니즘을 잘 간파하고 있어야 한다. 자신의 욕망의 타자성에 대해 알아차리고, 자신의 욕망의 구조에 대해 거리를 두고 볼 수 있다면, 어느 정도 자유로울 수 있는 여지가 생겨난다.

모방의 메커니즘을 모르는 사람들은 맹목적으로 경쟁에 뛰어든다. 누구보다 잘해야 하고, 누구보다는 더 많이 해야 한다. 최소한 이 정도는 얻어야 하고 저만큼은 결과를 내야 한다고 믿는다. 본래 자기 것도 아니었는데, 그것이 없으면 안 될 것처럼 달려든다. 늘 충족되지 못하고 결핍감을 느끼는 이유를, 아직 원하는 수준까지 달성하지 못해서 그런다고 여긴다. 욕망에 어떤 목표나 대상이 뚜렷하게 있다고 착각하기 때문에 끊임없이 추구한다.

욕망은 애초에 대상도, 실체도 없다. 그렇기에 도달할 수 없는 것이다. 욕망은 본래 주체도 대상도 없어서, 오직 욕망을 욕망하는 습성만 있다. 뫼비우스의 띠 위에 놓인 것처럼, 아무리 달려도 결국 그 궤도를 벗어나지 못한다. "마치 미끌거리는 돌에서 돌로 뛰면서 개울을 건너듯이 한 욕망에서 다른 욕망으로 옮겨간다."[15]

그런 의미에서 절망은 욕망 메커니즘을 돌아가게 하는 필수 조건이다. **욕망이 달성되지 않아서 당신이 좌절하고 절망하는 것이 아니다. 절망은 욕망의 조력자다. 끝없이 욕망하기 위해 절망을 만들어낸다고 해도 과언이 아니다.** 만약 하나의 욕망이 충족되었다면 당신은 자신도 모르는 사이에 다른 욕망으로 이미 건너갔을 것이다. 그래서 만족은 늘 알아차리지 못할 만큼 짧거나 희미하다.

욕망은 애초에 대상도, 실체도 없다.

그렇기에 도달할 수 없는 것이다.

욕망은 오직 욕망을 욕망하는 습성만 있다.

욕망이 내 것인 줄 알면
폭력이 발생한다

끝없이 무언가가 되고자 하는 우리 욕망은 지라르의 설명대로 늘 '타인이 되고자 하는 욕망'이다. 인간의 욕망이란 무엇보다 의미에 사로잡히기를 원하는 마음[16]이며, 의미란 사람들 사이에서, 관계 안에서 만들어진다. 관계가 있는 곳에 의미가 있고 욕망이 있다. 욕망은 본래 좋은 것도 나쁜 것도 아니다. 욕망이 문제를 일으키는 것이 아니다. 우리가 욕망의 대상이 만들어내는 환상에 온전히 사로잡혀, 그것이 가진 허구적 속성을 알아차리지 못한 채 압도당할 때 문제가 된다[17].

누군가로부터 온 것을, 애초에 자기 것처럼 착각해 지나치게 의미부여하며 맹신할 때, 자기 욕망만 우선시하며 상대를 배척할 때 극심한 경쟁과 갈등이 일어난다. 우구를리앙의 지적처럼, "사람들이 끔찍한 폭력을 행사하는 것은 항상 자신의 욕망이 모방적 욕망이라는 사실을 깨닫지 못하기 때문"[18]이다.

서로 모방하면서 같은 욕망을 향해 달리고 있다는 것을, 우리는 새까맣게 잊는다. 상대와 내가 같은 욕망을 갖고 있다는 사실을 숨기기 위해, 자신의 욕망과 감정, 신념과 고통이 매우 개인적인 것처럼 믿으며 누군가를 질투하고 미워하며 혐오한다고 외친다.

미워하기 전에
들여다보자

자기 자신에 대한 평가에서 완전히 자유로운 사람은 없다. 하지만 자기 자신과 깊게 연결되어 있는 사람은 자신을 함부로 비난하지 않는다. 속속들이 이해하지 못해도, 정확히 알지 못해도 그럴 만한 이유가 있을 것이라고 생각해 기다려준다. 어쩌면 우리가 타인에게 지나치게 방어적이고 조급한 것은, 자기 자신에 대한 태도가 그러하기 때문일 것이다.

우리가 교육받고 성장해온 환경은, 현대 사회문화는 남들에게 보여줄 수 있는 결과를 중시한다. 그런 메시지들의 포화 속에서 살아오면서 우리는 자신에게 '빨리빨리 결과를 내라'고 주문하는 습관이 붙어버렸다. 내세울 만한 결과를 만들어 내거나 타인의 칭찬을 받으면 금세 우쭐해지거나 자부심을 느끼다가도, 그러지 못하면 자신을 탓하거나 부족하다 여기며 미워한다. 롤러코스터를 타듯 감정기복이 심하다고 하는 사람들의 경우 대부분은, 사실상 자기 자신에 대한 공허한 사랑과 증오가 널뛰기를 하는 것이다. 자신에 대한 태도가 극단적으로 치우쳐져 있다.

잘 알지도 못하면서 평가부터 한다. 내면의 부분들과 욕망들을 있는 그대로 보면 좋을 것도 싫을 것도 없는데 들여다보지도 않고 좋아하거나 싫어한다.

새로운 것을 쫓으면서
하던 대로 하는 이유

인간의 비극적 운명을 단 한 문장으로 요약하면 이렇게 말할 수 있다. **뇌는 새로운 자극을 좋아하면서, 정작 반응은 익숙한 방식으로만 한다.**

여기에는 두 가지 사실이 들어 있다. 뇌는 새로운 자극을 좋아한다. 좀 더 정확히 표현하면 '주의를 기울인다'가 될 것이다. 뇌는 새로운 자극에 주의를 기울인다. 알지 못하는 것, 모호한 것에 주의가 가는 것은 그것의 정체, 즉 내게 위협이 될지 도움이 될지 파악해서 다가갈지 피해야 할지 결정해야 하기 때문이다. 그래야 유기체의 생명을 보존할 수 있으니까.

그런데 이에 대한 반응은 새롭지 않다. 익숙한 패턴, 내가 가장 많이 반복해온 대로 반응할 가능성이 매우 높다. 왜냐하면 뇌가 새로운 반응을 하려면 그만큼 인지적 에너지를 더 들여야 하기 때문이다. 판단과 추론, 생각과 결정을 다시 해

야 하고 새로운 동작, 혹은 행동을 하려면 인지적 에너지가
더 들어간다. 에너지를 덜 쓰면서 생존을 더 유리하게 하는
것. 이것이 뇌의 최대 임무다.

결국 우리는 늘 새로운 것을 쫓아가면서 정작 하던 대로 한다.

욕망과 절망,
결핍에서 자유로워지는 길

'소심하다' '줏대가 없다' '멍청하다' '인정욕구가 강하다' '자존감이 낮다' '유리멘탈이다'…. 한국 사람들이 자기 자신에게 붙이는 꼬리표들을 들여다보면 상당한 공통점, 보편성이 드러난다. 자신에 대한 이미지, 자신에 대한 평가에 있어서 사회문화적 영향을 직접적으로 받았음을 보여준다. 우리의 욕망이나 결핍이 상당 부분 학습되었다는 얘기다. 부모와의 관계, 유년기 경험도 사회문화적 틀 아래 해석이 되기 때문에 여기서 자유롭지 않다.

상담을 하면 할수록 한국에서 살고 있는 모든 사람이 어쩌면 근대화와 산업화를 거치면서 상처 입고 찌그러진, 사회문화적 트라우마의 생존자일지 모른다는 생각이 든다. 성수대교 붕괴 사건을 모티브로 한, 김보라 감독의 영화 〈벌새〉는 이러한 한국인의 트라우마를 생생하게 포착했다. 돈과 일이 사람을 밀어내고, 성장과 개발이 삶을 지워버리는 현실을 생생하게 그려낸 이 영화는 25년 전의 서울을 배경으로 했지만, 지금의 우리가 보아도 낯설지 않다.

돈을 많이 번 사람이든 아니든, 공부를 잘해서 사회적 지위를 얻어낸 사람이든 그렇지 않은 사람이든, 만족스러운 일을 하는 사람이든 아니든, 연애와 결혼을 한 사람이든 아니든 어느 누구도 예외가 없다. 우리에게는 이미 DNA처럼 깊게 자리 잡은 사회문화적 트라우마가 있다. 밀려나지 않기 위해, 쓸모 있는 사람이 되기 위해 발버둥 치며 여기까지 온 것이다.

과거를 반복하면서 과거에 매이지 않으려면 자신과 타인을 비교하면서 맹목적으로 욕망을 추구할 것이 아니라, 그보다 큰 그림을 보아야 한다. 욕망이 내 안에서 생겨난 것도 아니고, 저절로 생겨난 것도 아니라는 사실을 명확히 깨닫게 된다면 많은 욕망에서 자유로워지고 편안해질 수 있다. 동시에 욕망의 다른 이름이기도 한 절망, 혹은 결핍에서도 벗어날 수 있다.

삶은 끊임없이 변하며 우리 앞에는 계속해서 다른 모델들이 나타난다. 내가 따라 하고 싶은 욕망의 모델도 시간과 함께 변화할 것이고, 그로 인해 욕망의 모습도 계속해서 다른 것으로 바뀔 것이다. **욕망은 결코 만족될 수 없다. 우리는 다중의 욕망을 갖고 살아가는, 복잡한 감정 덩어리인 동시에 거대한 바다로 흘러들어가는 냇물과 같다.**

이제는 욕망이 나를 이끌어가도록 내버려두지 말자.

마음은
원래 비어 있다 ───────

5.

참마음이란 거울과 같아서
보는 사람의 이미지를 그대로 비추며,
사람이 사라지면 그림자도 사라진다.
거울에는 어떠한 것도 남지 않는다.
누군가의 얼굴이 거울로 들어오는 것도 아니요,
거울이 그 사람의 얼굴로 들어가는 것도 아니다.[19]

- 도신

본래의
마음이란

'나는 원래 이러이러한 사람'이라고 꼬리표를 붙이는 것은 내 생각이 생각에 하는 일이지, 참마음이 하는 것도, 참마음에 하는 것도 아니다.

우리의 참마음은 광대한 거울이어서 모든 것을 그대로 비출 뿐, 예쁜 것도 못생긴 것도, 좋은 것도 나쁜 것도, 이기적인 것도 이타적인 것도 아니다. 거울이 거울일 수 있는 것은 특성이 없기 때문이다.

거울에는 무엇을 새기려고 해도 새길 수 없다.

꼬리표는
누가 만들어내는가

지금 이 순간 우리가 자신에 대해 경험하는 것은 우리 자신이 만들어낸 산물이다. 나 자신이 어떠하다, 저 사람이 어떠하다, 여기가 어떠하다, 이 일이 어떠하다, 세상이 어떠하다 등의 판단과 그에 동반된 감정들은 모두 내가 지어낸 것들이다.

생각은 생각을 낳고 다시 그 생각에 대한 판단은 감정을 불러일으켜 또 다른 생각을 하게 만들고 끊임없이 쳇바퀴를 돌게 한다. 그래서 사람의 생각과 말, 행동의 패턴은 잘 바뀌지 않는다. 이런저런 생각들을 갖다 붙이며, 스스로 원인과 결과라고 말한다(사실은 진짜 인-과가 아닐 때가 많다). 하지만 단 한 순간이라도 당신이 이 연결고리를 끊어버리면 습관처럼 돌아가던 쳇바퀴가 힘을 잃게 된다. 한순간의 끊음이고 한순간의 멈춤이다.

멈추기 위해서는 내가 끊임없이 꼬리표를 만들어내고 있다는 것을 알아차려야 한다. '저 사람은 이기적이야' '정말 어리석어' '저 사람 때문에 정말 힘들어 죽겠네'와 같은 꼬리표를 계속 생산하고 있다는 것을 실시간 알아야 한다.

그리고 꼬리표 붙이기를 그만두고 내려놓아보자. **머릿속이 판단과 생각으로 가득하다면 당신의 두 발은 허공에서 헛발질을 하고 있는 것이다. 땅으로 내려와 지금 여기에서 온전히 살아보자.** 우리가 생각을 멈추고 지금 필요한 행위에 정성을 다해 온 마음으로 임할 때, 행위와 당신 사이의 간극이 사라진다. 그 자체로 존재하게 된다.

하늘은
구름을 붙잡지 않는다

심리학의 원리와 기술들을 동원해 자기 분석을 해나가다 보면 다양한 자신의 면모들이 발견된다. 그 과정에서 자기 이해가 높아지기 때문에 그런 작업만으로도 의미는 있다. 하지만 그것이 다는 아니다. 비유하자면, 심리상담에서의 작업들은 하늘에 떠가는 구름에 대해 이런 모양이다, 저런 모양이다, 이런 느낌이다, 저런 느낌이다, 이야기하는 차원이라고 할 수 있다. 많은 사람들이 그 '구름'이 곧 자기 자신이라 여기기 때문에 구름에 대해 얘기 나누고 이해하다 보면 생각이 정리가 되고 더 잘 대처할 수 있게 되는 것은 사실이다.

하지만 좀 더 깊게 들어가자면, 당신이 곧 그 구름은 아니다. 먹구름도 아니고 양털구름도 아니다. 당신은 그 구름이 떠 있는 '하늘' 그 자체다. 흔히 불교사상의 핵심을 공성(Emptiness)이라고 하는데, 그것을 아무것도 아님이라고 오해하는 경우가 많다. 하지만 무(無) 혹은 텅 비어 있음이란 곧 광대함을 뜻한다. 하늘에 구름이 마음대로 모양을 바꾸며 지나가듯, '나'라고 하는 것에는 늘 무언가가 담긴다. '나'는 어떤 본질이나 실체가 없기 때문에 담을 수 있는 것이다. 우리가 말하는 참자기, 셀프(Self), 참나, 참마음이란 이처럼 모든 것을 담을 수 있는 광대한 하늘이다.

당신은 모든 것을 담을 수 있으며, 거기에는 늘 무언가가 담긴다. 그러니 올 땐 오는 대로, 갈 땐 가는 대로 바라보면 된다. 하늘이 먹구름을 내쫓고 양털구름을 붙들지 않듯.

영화를
보는 것처럼

이틀 전에 있었던 사건과 그로 인해 무궁무진하게 펼쳐진 생각 끝에 자신의 목을 매달 뻔했던, 어느 클라이언트를 만났다. 이야기를 꼼꼼히 듣고 나서 나는 이렇게 답했다.

"이 영화, 명작이네요. 사람이 어떻게 자살을 하게 되는지 섬세하게 잘 포착했어요. 도망가지 않고 끝까지 촬영도 잘한 것을 보면 보통 용기가 아니네요!"

클라이언트는 웃었다. 우리는 함께 영화를 보고 나서 그 내용들을 분석하기 시작했다. 장면 사이사이에 어떤 정보가 숨어 있는지 단서를 찾아냈다. A⇨B⇨C⇨D⋯. 이렇게 징검다리를 건너듯 망상이 망상을 낳는 과정을 통해, 매우 사소한 일상적 사건이 어떻게 엄청난 결과로 부풀려지는지 살펴보았다. 영화 관람과 비평을 마치고 나니 클라이언트의 얼굴에 먹구름이 걷혔다. 하나의 산을 또 함께 넘은 것이다. 자살 충동, 혹은 자살 생각도 사실 아주 작은 것에서 시작된다. 무서워할 일이 아니다.

우리는 실시간 마음이 그려내는 영화를 본다. 그 영화의 내용을 사실이라 믿고 기뻐하거나 화내고 슬퍼하고, 등장인물을 좋아하거나 싫어하면서 이야기를 더 만들어낸다. 영화의 내용은 늘 바뀐다. 등장인물도 바뀌고 플롯도 바뀐다. 희극에서 비극으로, 호러에서 로맨스, 혹은 미스터리로 끊임없이 직조해나간다.

그런데 변하지 않는 단 한 가지가 있다. 우리가 이것을 계속 보고 있다는 사실이다. 그 모든 내용을 보는 행위, 영화를 관람하고 있는 어떤 시선, 관찰자. 그것을 실감할 때, 세상이 쩍하고 갈라진다. 당신의 우주가 열린다. 우리의 참마음이란, 놀랍게도 다른 더 신성한 무언가를 뜻하지 않는다.

우리는 실시간 마음이 그려내는 영화를 본다.

영화의 내용은 늘 바뀐다.

그런데 변하지 않는 단 하나가 있다.

우리가 이것을 계속 보고 있다는 것이다.

어둠에서
주의를 돌리게 된 아이처럼

한번은 일본에서 TV를 보고 있는데 아이들의 공포를 다루는 법에 대한 처방이 등장했다. 《괜찮아, 모리스》라는 책을 쓴 외국인 저자였다. 그의 설명에 따르면 아이들이 가장 무서워하는 주제는 곤충, 그리고 어둠이었다. 그런데 그 방법이 '정서분별법'[20]과 매우 흡사했다.

우선 곤충에 대처하는 법으로는, 곤충에 친근한 이름을 붙이는 것으로 시작한다. 엄마가 아이에게 "뭐라고 이름 붙일까?" 물어보면 "음. 피피"라고 답하는 아이.

그러면 엄마는 "아 그렇구나. 저 친구 이름은 피피로구나. 피피는 지금 어디에 가고 있을까?"라고 물어보면서 아이의 주의를 '무서움'에서 그 곤충의 사생활(?)로 돌린다. 아이의 감정에서 곤충의 일상으로, 대화의 주제가 자연스럽게 바뀐다. 곤충에게 이름을 붙여주고 나면, 곤충에게도 할머니, 할아버지, 엄마와 아빠, 동생이 생겨나고, 스토리가 펼쳐진다. 그 과정에서 곤충의 관점으로 조망수용이 되면서 어느새 두려움에서 떨어지게 되는 것이다.

두 번째, 어둠이 두렵다는 아이에게는 "어둡구나. 지금 이 어둠은 무슨 색이지?"라고 물어보면서 시작한다. 아이가 답한다. "검은색요."
"검은색이로구나. 검은색을 띤 것들은 또 뭐가 있지?" 그러면 "아빠 자동차요" "그래. 아빠 자동차는 검은색인데 무섭지 않네. 또 뭐가 있지?" "머리카락요" 등등. 이러면서 검은색의 다른 주변 물건들에 대해 나열해보거나 혹은 커튼을 열어 바깥에 보이는 것에 대해 얘기 나눈다. "아, 전기가 없으니 안 보이던 게 보이네." 이때 창밖에 별이나 달이 보이면 금상첨화다.

둘 다 주의를 돌리기 위해 무섭고 추상적인 대상을 잘게 쪼개어 다룰 수 있는 정도로 작게 만들어 놓는 방식을 쓰고 있었다. 그러면 어느새 그 감정이 사라지거나 줄어들게 된다. 감정은 절대적이지 않다. 바라보기 나름이며 해석에 따라 달라진다.

무엇이
다른 것일까

갈증 난 사람에게는 물이 생명으로 보이지만, 물에 빠졌던 사람에게는 물이 위협으로 보인다. 물을 어떻게 바라보는가 하는 것은 보는 사람의 조건과 상황에 달려 있다. 이처럼 누구나 '다르게' 본다. 한 가지를 보는 방법이 각기 다른 것일까, 아니면 애초에 다른 것을 보고 있는 것일까?

눈으로만 보는 것이 아니다. 눈과 뇌로 본다.
귀로 듣는 것이 아니다. 귀와 뇌로 듣는다.
코로만 냄새 맡는 것이 아니다. 코와 뇌로 냄새 맡는다.
혀로만 맛을 보는 것이 아니다. 혀와 뇌로 맛을 본다.
몸으로만 체감하는 것이 아니다. 몸과 뇌로 체감한다.

하나에 대한 생각이 여러 개 있는 것이 아니라, 생각이 그것을 하나 혹은 여럿이라고 여긴다. 그런 의미에서 우리는 단순히 세상을 살아가는 것이 아니다. 우리 뇌 속을 살다 간다.

나는
어떤 것을 차별하는가

"빛 안에 어둠이 있다.
하지만 그것을 어둠으로 보지 마라.
어둠 안에 빛이 있다.
하지만 그것을 빛으로서 만나지 마라."[21]

돌 위에 암자를 짓고 늘 좌선하였다고 하여 '석두희천(石頭希遷)'이라 불렸던 당나라의 승려가 지은 시다. 빛과 어둠은 서로 연결되어 항상 함께하지만 우리는 어느 한 쪽만을 보고 좋아하거나 싫어하거나 기대하거나 걱정한다. 전체를 보지 못하기 때문이다.

'빛으로서 만나지 마라'는 것은 분별하지 말라는 뜻으로, 생각으로 차별하지 말고 모든 것을 있는 그대로 공평히 대하라는 것이다. 빛은 세상을 밝히면서도 이것과 저것을 나누고 분별하게 하는 이중성을 갖는다.

우리는 모두 분별하고 차별하는 자다. 차별하는 마음 때문에 고통 주고 고통받는다. **모든 것을 공평하게 대하기는 어렵지만, 어떤 것을 내가 더 많이 차별하는지 염두에 두는 것은 가능하다.** 나의 편견을 잘 들여다보면 생각에 매이지 않고, 오히려 생각을 잘 이끌 수 있다.

생각을
잘 쓰는 법

'생각을 한다'는 것 자체는 움켜쥠이다. 붙잡아야 논리가 이어지니까 생각을 한다는 것은 들숨에 해당한다. 반면 '생각을 내려놓는다'는 것은 개방한다는 것으로 날숨이라 할 수 있다.

생각을 움켜쥘 때와 내려놓을 때를 분별해야 한다. 그런데 이와 비슷하게 중요한 것은, 움켜쥐었을 때 확실히 움켜쥐어야 한다는 것이다. 무언가를 생각하고 있다면, 우선 그것 자체를 알아차려야 하고, 그에 대해 정확히 생각해야 한다. 회피를 위한 생각이거나 생각을 덮기 위한 생각은 반추(Rumination)가 되어 스스로 과거에 갇히게 만든다.

생각 자체는 매우 훌륭한 기능이지만, 잘못 사용해서 생각의 내용에 매몰되어 자신을 괴롭히는 버릇을 갖게 된 사람들이 많다. 생각을 할 때는 무슨 생각을 하고 있는지, 어두운 구석

없이 환히 밝혀 단단히 붙들어야 한다. 대신 생각을 내려놓을 때는 머리카락 하나도 붙들어서는 안 된다. **생각을 움켜쥐고 내려놓는 게 구별되면 당신을 방해할 수 있는 것은 아무것도 없다.**

마음은
흐른다

마음은 거침없이 흘러가는 냇물처럼 흐른다. 딱 붙어서 머무
르는 것이 아니라 환경에 따라 변하고 흘러가는 것, 생겼다
가 사라지고 바뀌는 것이 마음의 본성이다.

그러므로 감정에 생각이 보태지지 않는다면 결코 오래가지
못한다. 만약 어떤 불편한 감정에 오랫동안 매여 있다면, 그
건 당신이 생각에 생각을 거듭해 그 감정을 붙들고 있기 때
문이다. 감정이 문제가 아니라, 감정에 대한 태도가 문제인
것이다. 어떤 감정을 없애려고 하거나, 다시는 안 느끼려고
애를 쓰기 때문에, 내버려두면 그냥 흘러갈 감정이 제때 흘
러가지 못한다. 안전하고 좋은 것을 내 쪽으로 당기고, 위험
하고 싫은 것은 멀리하려는 것은 동물의 본능이다. 하지만
인간은 언어와 인지 능력 때문에 상상하고 추론하고 예측하
면서 오히려 덫에 빠지게 된다. 즐겁고 좋은 것은 환상으로
부풀려져 갈망과 중독으로 이어지고, 혐오스럽고 위험한 것

은 무조건 회피하려 들면서 강박증, 편집증, 우울과 불안 등 갖가지 심리 문제들을 경험하게 된다.

몸은 매순간 움직이고 변화한다. 알아차리지 못하는 사이 우리는 매일 조금씩 늙고 병들어 죽어간다. 마음은 몸에서 빚어내는 그림이니, 마음도 이와 다르지 않다. 이런저런 내용들을 만들어내고 갖다 붙이고 바꾸다가 이내 사라진다. **변하고 사라지는 것을 있는 그대로 보면, 붙들지 않고 붙들리지 않게 된다.**

만약 어떤 불편한 감정에
오랫동안 매여 있다면,
그건 당신이 생각에 생각을 거듭해
그 감정을 붙들고 있기 때문이다.
감정이 문제가 아니라,
감정에 대한 태도가 문제인 것이다.

매일매일
낚인다

매일매일의 일상 한가운데에 크고 작은 셴파(Shenpa)가 있다. 티베트 불교에서 말하는 셴파란, 한마디로 '낚이는 것'이다. 우리의 생각과 말, 행동을 일으키는 방아쇠로, 공격성과 갈망, 갈등과 억압의 근원이다.

인간이라면 누구나 마음에 뭔가 탁 걸리는 순간을 경험한다. 그것이 좋다 혹은 싫다고 여기며, 생각과 감정에 붙들려서 나아가지 못하고 그 자리를 계속 맴돈다. 누군가가 한 말과 행동에 마음이 거슬리거나 불쾌감이 올라올 때면 자신도 모르게 공격 태세를 취한다. 타인을 비아냥거리거나 맞받아치면서 말로 공격하기도 하고, 문을 쾅 닫거나 시니컬하게 웃거나 상대의 얼굴을 향해 주먹을 날리기도 한다.

일어난 일이 사소한 것인지 대단한 것인지, 작은 일인지 큰 일인지는 중요치 않다. 이때 경험하게 되는 감정이 분노인지

수치심인지 열등감인지는 중요치 않다. **일어난 일도, 감정 그 자체도 문제가 아니기 때문이다. 정작 문제는, 우리가 그 순간의 마음을 스스로 견디지 못해 쏟아버리려고 한다는 것에 있다.**

감정을 가리기 위한
행동들

내 마음에 일어난 공격성을 타인에게 쏟아버리기 어려울 때
우리는 자신을 향해 쏟는다. 자신을 비난하고 깎아내리거나
탓하고 혼내는 말들을 퍼부어댄다.

'멍청이! 바보! 왜 또 그랬어! 늘 내가 문제야!'

말로는 분이 풀리지 않아, 자신의 머리를 때리거나 손목을
칼로 긋거나 할퀴기도 한다. 스스로 공격하는 습관이 몸에
밴 사람들은, 강한 부정적 감정이 올라올 때마다 온몸에 멍
자국이, 칼자국이 늘어간다. 요즘 자해하는 청소년들이 많아
지고 있지만, 중요한 것은 자해 행위 그 자체가 아니다. 무엇
을 피하기 위한 자해인지, 어떤 감정을 가리기 위한 시도인
지를 살펴야 한다.

공격성이 직접적으로 드러나는 사람들이 있는가 하면, 불편
한 감정을 내면에 담아두지 못해 주로 회피하고 도망치는 전
략을 취하는 사람들도 많다. 불쾌한 상태를 잊기 위해 가장

널리 사용되는 도구는 스마트폰이다. 기분이 가라앉았거나 화가 나거나 뭔가 감정이 나빠지면 사람들은 빠르게 돌아가는 동영상이나 게임, 소셜미디어 속으로 파고들어 새로운 자극으로 지금의 마음을 덮으려 한다. 어떤 이들은 끝없이 먹고 토하는 일을 반복하거나, 온라인 쇼핑 사이트를 돌아다니며 카트에 뭔가를 계속 집어넣거나, 정신을 잃을 정도로 술을 마시거나, 지금의 '더러운' 기분을 잊게 해줄 누군가를 찾기도 한다.

이러한 대처 습관들은 원래부터 당신이 갖고 있었던, 본래의 특성은 아니었다. 태어나면서부터 자해를 하거나 두 살 때부터 게임 중독인 사람은 없다. 내가 처한 상황에 대처하려다 보니 자신도 모르는 사이에 하게 되었는데, 경험이 반복되면서 하나의 패턴으로 고착되어버린 것이다. 인간은 누구나 당장 쓸 수 있는 방법을 동원해 위기를 모면하려는 경향이 있다. 그래서 **처음에는 우연히 시작하게 되고 그런 행동을 하고 나면 당장은 뭔가 해결되는 것처럼 느껴진다. 하지만 시간이 지날수록 이러한 임기응변의 대처는 많은 부작용을 낳는다.** 해결은커녕 또 다른 문제를 낳을 뿐이다.

낚임에
대처하는 법

겉으로 볼 때는 각기 다른 행동처럼 보이지만, 사실 그 안을 들여다보면 비슷한 원리가 숨어 있다. 너무 싫은 감정, 혐오스러운 생각, 불편한 감각 등을 빨리 떨치거나 없애버리려고 애를 쓰다 보니 하게 되는 행동들이다. 내 마음에서 일어나는 것을 내 몸 안에 그대로 담아두지 못하는 것이다. 그래서 어딘가로 쏟아버리려 하거나, 억누르고 회피하거나 도망치려 한다. 사람마다 좀 더 민감하게 반응하는 주제는 다를 수 있다. 하지만 이에 대해 좀 더 효과적으로 대처하는 방법은 동일하다. 페마 초드론은 자신의 책《Taking the leap》에서 삶 속의 낚임, 즉 셴파에 대처하는 법에 대해 3단계로 설명하였는데, 이를 심리학적으로 보완해 5단계로 정리하면 다음과 같다.

1단계. 지금 내가 '낚였다!'는 사실을 알아차린다. 평소 내가 어떤 주제나 문제에 대해 그냥 넘기지 못하고 집착하거나 민감하게 구는지, 내가 잘 '낚이는' 상황에 대한 기본 정보를 파악해두면 도움이 된다.

2단계. 나도 모르게 어떤 행동을 취하려는 그 순간, '일시정지!'를 외친다. 천천히 심호흡을 세 번 한다. 늘 하던 자동적 반응을 한두 번 하지 않는 것만으로도 패턴 변화가 시작되는 큰 계기가 된다. (잠깐! 지금 이 순간, 어떤 말이나 행동도 일시정지! 잠시 숨을 고르자.)

3단계. 감정이나 욕망, 충동을 일으킨 내 안의 부분을 향해 알아차림의 인사를 건네고 잠시 진정시킨 뒤, '지금 필요한 것을 한다.' 내 마음의 상태와 무관하게, 눈앞의 일을 마무리해야 하거나 내 앞에 있는 사람과 적절한 의사소통을 해야만 하는 현실적인 상황들이 있다. 불편한 마음에도 불구하고 지금 필요한 행위를 한다. 바깥세상의 일은 일대로 진행하면서 자신의 불편감은 있는 그대로 포착하고 명확히 알아차린다.

4단계. 따뜻하고 친절하게, 호기심을 가진 개방적 태도로 지금의 경험을 온전히 '느낀다'. 외로운 느낌, 혼자 버려진 것 같은 두려움, 무시당한 것 같아 화나는 마음, 복수하거나 때리고 싶은 마음, 답답하고 억울한 느낌, 다 포기하고 도망가고 싶은 마음, 무기력한 마음, 좌절감, 열등감, 수치심, 적개심, 공포…. 그 어떤 감정이나 감각이든 내 몸 안에서, 있는 그대로 느껴본다. 시뻘겋거나 시커멓게 색깔로 보일 수도 있고, 감정의 단어나 생각의 문장들로 나타날 수도 있다. 배 속, 머리, 어깨, 등이나 팔과 다리 같은 신체 어느 부위에서 그 감정이나 충동이 특별히 더 잘 느껴질 수도 있다. '지금 일어난 것이 무엇인가?' 중요한 것은 어떤 행동으로도 이것을 내던지지 않고 '나'라는 몸과 마음 안에서 기꺼이 껴안겠다는 마음을 내는 것이다.

어떠한 감정이나 생각, 감각 경험도 그것이 곧 나 전체를 뜻하지는 않는다. 우리 안의 일부, 부분들의 경험에 불과하다. '전체로서의 나'라는 존재가 내면의 다양한 부분들을 따뜻하게 어루만진다는 느낌으로 귀 기울여 듣는다. 명상을 하거나 산책을 하면서 내면을 관찰하는 것도 도움이 된다.

5단계. '흘러가도록 내버려둔다.' 지금의 이 투쟁이 얼마나 갈까? 얼마나 지속될까? 일주일? 한 달? 일 년? 아무리 강렬한 감정도, 힘든 생각도 오래가지 못해 변하고 사라진다. 내 안에서 일어나는 생각이나 감정, 신체 감각이나 경험들의 내용이 좋든 싫든 그대로 내버려두면 시간과 함께 곧 흘러간다. 우리가 내면을 들여다보는 이유는, 그 안에 대단한 실체가 들어 있기 때문이 아니다. 오히려 들여다보면 볼수록 텅 비어 있음을 실감하게 된다. 그 안에는 아무것도 없는데 우리는 늘 뭔가가 있다고 생각하고, 그게 좋다거나 나쁘다고 말한다. '애초에 있지 않은 것에 내가 매달리거나 혹은 떨치려고 너무 애를 쓰고 있구나'를 알기 위해 내면에 귀를 기울이는 것이다. **과연 무엇이, 나를 그런 패턴으로 몰고 가는지 알아차려 멈추게 하기 위함이다.**

자신의 두려움을
제대로 이해할 것

두려움은 자기 자신을 만나는 데 좋은 출발점이 된다. 자신의 두려움을 잘 이해하면 다른 감정과 욕망들도 이해할 수 있다. **모든 감정과 욕망들이 두려움이라는 핵에서 시작되어 사방팔방으로 펼쳐나가는 것이라 해도 과언이 아니다.** 그것을 간파하고 나면, 타인에 대한 이해도 물 흐르듯 자연스럽게 이루어진다. 모든 사람이 보편적으로 갖고 있는 고통에 대해 헤아릴 수 있다. 자신과 타인에게 동시에 연민을 갖게 된다.

상담을 하다 보면 예민한 사람들을 많이 만난다. 예민하고 섬세하면 감정을 잘 포착할 것 같고 그래서 타인을 더 잘 파악할 것 같은데 이상하게 그들은 공감을 잘하지 못한다. 오히려 눈치가 없고 뜬금없는 행동을 하거나 적절치 않은 반응을 함으로써 사람들이 뜨악해 하는 일이 종종 벌어진다. 예민하지 않은 사람들보다 타인에게 공감하기 어려워 보일 때도 종종 있다. 왜 그럴까?

A는 사람들이 자기를 별로 안 좋아한다고 생각한다. 그래서 새로운 사람을 만날 때마다 긴장을 한다. 하지만 직장생활을 하면서 사람을 피할 수는 없기 때문에, 만나는 사람들과 잘 지내려고 애를 쓴다. 타인에게 미움받는 행동을 하지 않고 갈등을 방지하기 위해 상대방의 눈치를 보고 비위 맞추려 노력한다.

이러한 노력에는 당연히 에너지가 많이 들어간다. 시간이 지나갈수록 점점 피로감이 쌓이고, 아주 작은 일에도 사람들에 대한 원망이 생겨난다. 자신은 꾹 참고 웬만한 것들은 다 맞춰 줬는데 사람들은 모두 이기적이고 자기 편의대로 행동한다며 피해의식이 싹트기 시작한다. 그래서 사소한 것에 울컥 화가 치솟거나, 자신도 모르게 냉랭하게 말하거나 행동해 사람들에게 오해를 받는 일이 잦다.

A는 타인과 잘 지내기 위해 많은 노력을 하지만, 정작 사람들은 A를 '예민하고 까다롭다'고 느끼거나 혹은 '눈치가 없다'고 생각하게 되는 것이다.

두려움은 자기 자신
을 만나는 데 좋은
출발점이 된다.
자신의 두려움을 잘
이해하면 다른 감정
과 욕망들도 이해할
수 있다.

미움은 한 방향으로
향하지 않는다

"타인을 비판적으로 대하거나 미워하는 것은 매우 쉽습니다. 하지만 누군가를 미워할 때는 주의하세요. 당신이 대하는 모든 대상과 당신 간에는 끊임없이 커뮤니케이션이 일어나기 때문입니다. 당신이 만약 미움을 가진 채로 바깥 세계를 바라보면 미움의 시선은 한 방향으로만 향하지 않습니다. 당신이 세계를 볼 때, 동시에 세계도 당신을 바라보고 있다는 것을 염두에 두세요."[22]

카타기리 다이닌이 한 말이다. 누군가가 나를 대하는 태도가 갑자기 달라진 것 같다고 느껴질 때가 있다. 잘 지내던 사이였는데 뭔가 분위기가 달라졌다거나 그 사람이 나를 피하는 것 같다고 여겨진다. 그런 경우는 대개, **내 태도가 먼저 달라졌기 때문에 그의 태도가 달라졌다고 느끼는 것이다.**

내가 혹시 그 사람을 원망하거나 미워하는 마음을 품지는 않았나? 다른 사람들 앞에서 그에 대한 험담을 하지는 않았을까? 내가 먼저 그를 불편하게 느낀 것은 아니었을까? 찬찬히 한번 살펴보라.

분노가 치솟을 때
선택할 수 있는 세 가지

'어떻게 그렇게 생각할 수 있지?' 혹은 '어떻게 그렇게 내게 말할 수 있어?'라며 누군가에게 분노가 치솟을 때 당신은 세 가지 중 한 가지를 선택할 수 있다.

첫째, 내가 받은 만큼 상대방에게 똑같이 돌려주기. 상처를 준 상대에게 비슷하게 화내거나 공격을 해버리면 일시적으로 후련한 느낌이 들더라도 내가 배울 기회는 놓치게 된다. 공부의 신선한 재료를 그대로 갖다버리는 셈이다.

둘째, 머릿속에서 상대방이 한 말을 계속 떠올리면서 자기 비난, 자기 비하의 골짜기로 파고들어가기. '내가 한심하지. 그런 말이나 듣고 형편없어.' 상대방의 메시지를 확대 해석하면서 생각 속으로 파고들어, 심신의 건강을 해치게 된다. 공부가 안 되는 것은 기본이요, 관계도 악화시킨다.

셋째, 내 마음에 순간 치미는 분노가 어디에서 비롯되는 것인지 그 뿌리 보기. 이 연습을 반복하다 보면 내 마음에서 일어나는 '좋다' 혹은 '싫다'가 내가 그려내는 그림에 불과하며 곧 빛이 바래고 변한다는 사실을 알게 된다. 이는 신선한 재료로 바로 요리해 공부로 삼을 수 있다. 공부도 지속되고 분노도 곧 사그라져 몸도 해치지 않으니 여러모로 유익하다.

버스를 타고 가면서 창밖을 보면 바깥의 풍경이 움직이는 것 같지만 사실 움직이는 것은 내가 탄 버스이다. 마음을 혼란스럽게 하는 일들이 생겼을 때도 마찬가지이다. 내 마음이 끊임없이 변하고 있음을 알아차리지 못할 때가 많다.

상대가 한 '말'에 매여 있으면, 자기 자신이 보이지 않는다.

더 이상
문제가 아니게 된다

오늘날 심리학자들은 동서양을 불문하고 마음 챙김과 수용을 강조한다. 경험을 있는 그대로 알아차리고 받아들여야 정신 건강에 좋다는 것이다. 생각이나 감정을 억지로 바꾸려 할수록 역설적으로 그리로 주의가 좁아져서 결과적으로 더 고통 받게 된다. 이러한 관점은, 불교에 뿌리를 두고 있다. 도겐 선사는 다음과 같이 말했다.

> "동쪽에서 포기하고 서쪽에 가 숨는다고 해서 서쪽에 문제가 없는 것이 아닙니다. 당신이 만약 도망가기를 계속한다면, 당신 주위에는 항상 문제가 끊이지 않을 것입니다. 문제를 멀리 밀어내려 할수록 더 깊게 집착하게 됩니다."[23]

문제가 있다면 문제와 함께 살아간다. 문제와 함께 숨 쉬고 문제와 함께 걸어가며 문제와 함께 밥을 먹는다. 그러면 더 이상 그것은 문제가 아니게 된다. 원래 내 것이 아닌데 왜 내 옆에 있느냐고 원망을 하면서, 빨리 없어졌으면 좋겠다고 생각하니 괴로움이 커진다.

무엇에 대해 좋다 싫다, 옳다 그르다 판단이 일어나는 이유는, 그것을 진정 내 일로 여기지 않기 때문이다. 거리를 두었기 때문에 판단과 생각이 일어난다. 내 마음을 건드리는 것이 있으면 거리를 둔 채로 비판할 것이 아니라, 그 안으로 뛰어 들어가야 한다. 그것과 하나가 되면 더 이상 판단도, 감정도 일어나지 않는다. 전념할 때는 애착이나 집착이라는 생각조차 일어나지 않는다.

우리가 만약 무언가를 열심히 해야 한다거나, 잘하고 있거나 혹은 못하고 있는데 집착하지 말아야 된다고 생각한다면, 생각의 내용에 속지 말고 내가 만들고 있는 '거리' 혹은 '틈'을 주목할 필요가 있다. **당신을 진정 방해하는 것은 생각의 내용이 아니라 그 '틈'이니까.**

사실 당신은
상처받을 수 없다

내 마음 안에 일어나는 것을 시시각각 명확히 볼 때는 탓할 사람도, 안타깝게 여길 상황도, 원망할 일도 없다. 우리 생각이나 감정, 감각이나 판단 등 각각의 경험은 시시각각 모양을 바꾸며 흘러가는 구름이다. 구름의 모양이 바뀌거나 사라진다고 해서 하늘이 없어지는 것이 아니듯, 당신이 아무리 최악의 일을 경험한다고 해도 참마음이 가려지는 것은 아니다. 구름이 하늘을 훼손할 수 없듯, 우리 경험은 참자기에 상처를 낼 수 없다.

그러니 '내가 상처받았다'는 것도 생각이 생각에게 하는 말이자, 구름이 구름에게 하는 말이지 실체가 아니다.

당신의 참마음은 상처를 받을 수가 없다. 거대한 시간의 흐름이자 광대한 하늘이기 때문이다.

더 이상 의지 때문에
애쓰지 말 것 ──────────

6.

자기조절을 잘하는 사람은
원하는 행동을 위해
의지나 노력을 적게 들인다.

— 존 바그[24]

의지를 여러 번 다지는 것보다
효과적인 것은

"저는 의지가 약해서 일주일도 안 가요."

"저는 게을러서 문제예요. 계획대로 실천해본 적이 없어요."

"자기관리가 안 돼요. 어떻게 하면 꾸준히 할 수 있을까요?"

우리 주위에서 흔히 듣게 되는 질문이다. 많은 사람이 자기 조절을 하는 데는 상당한 의지와 노력이 필요하고, 무언가 꾸준히 하는 사람을 보면 대단하다고 생각한다. 하지만 아마 당신이 자기조절에 대해 연구하는 사회 심리학자를 만난다면 뜻밖의 얘기들을 듣게 될 것이다.

한 가지 예를 살펴보자. 여기 갓 튀겨낸 신선한 팝콘과 오래되어 눅눅해진 팝콘이 있다고 해보자. 두 팝콘 중 어느 쪽으로 손이 가게 될까? 당연히 신선한 팝콘이다. 일반적인 상황에서 우리는 눅눅하고 기름 냄새가 나는 팝콘보다는 신선한 팝콘을 선호한다.

하지만 한 실험 연구[25] 결과, 극장에서 늘 팝콘을 먹는 것이 습관이 된 사람들은 신선한 팝콘을 받았을 때와 눅눅한 팝콘을 받았을 때, 영화를 보면서 비슷한 양의 팝콘을 먹는 것으로 나타났다. 하지만 그 사람들도 실험실에서 팝콘을 받았을 때는 신선한 것보다 눅눅한 팝콘을 훨씬 덜 먹는 것으로 나타났다. '영화'라는 맥락이 사라지자 팝콘의 맛에 더 민감해진 것이다.

이처럼 우리의 오래된 습관들은 자신도 모르는 사이에 처한 상황, 맥락이 주는 신호에 많은 영향을 받는다. 내가 무심코 하는 행동도 언제, 어디에서, 왜 일어나는지 하나하나 뜯어 살펴본다면 그 행동을 더 촉발하는 신호들을 찾아낼 수 있다. **오래된 행동 패턴을 바꾸려면 그런 신호들을 찾아내는 것이, 의지를 여러 번 다지는 것보다 훨씬 효과적이다.** 의지는 자기조절 피로 앞에서 쉽게 무력해진다.

자기조절
피로

당신은 친구를 만나러 카페에 갔다. 카페 주인이 기다리면서 편히 드시라며 스낵을 가져다 주었다. 두 개의 접시가 테이블 위에 놓여 있다고 상상해보자. 하나에는 아주 맛있어 보이는 초콜릿이 담겨 있고, 다른 하나에는 썰어 놓은 당근이 담겨 있다. 어느 쪽을 먹기가 더 수월할까?

이것은 실제 진행되었던 심리학 연구 내용이다. 연구자들은 젊은 성인들을 모집해 초콜릿과 당근이 담긴 두 개의 접시를 내밀었다. 사람들은 자유롭게 선택해 먹을 수 있었다. 실험 결과, 당근을 먹은 사람들은 초콜릿을 먹은 사람에 비해 심장이 천천히 뛰었고, 부교감 신경 활동은 증가했으며 심박변이도가 높게 나타났다. 먹기 쉬운 초콜릿보다는 몸에 좋은 당근을 먹기 위해 자기조절에 의식적 노력을 기울였음을 뜻한다.

자기조절을 해야 하는 상황에서 인간의 면역계는 억제되고 심장은 느려지며 신진대사의 활동도 감소한다. 이러한 변화가 일어나는 것은, 근본적으로 인간의 생리가 보수적인 특성을 갖기 때문이다. 자기조절이 필요한 상황에서 우리 몸의 신진대사가 느려진다는 것은, 이후 선택과 실행을 위해 일시적으로 몸 전체의 활동을 줄이고 에너지를 보존하는 것으로 해석할 수 있다.

생리적 관점에서 볼 때, 자기조절을 오랫동안 유지해야 하는 상황은 생존에 매우 위협적이다. 그래서 치명적인 수준으로 위협이 가해지기 전에 몸은 뇌에 신호를 보내어 '자기조절 피로'를 느끼게 한다. 소진을 막기 위한 예방책인 셈이다. 몸이 피곤하면 주의 집중도 힘들어지기 때문에 자기조절에 더 많은 에너지를 동원하기가 어려워진다. 그래서 피곤할 때는 중요한 의사결정을 하거나, 도전적인 상황에 자신을 내몰지 말아야 한다. **몸도 뇌도 일단 쉬어야 이후 효과적인 제어가 가능하다.**

특히 질병이나 스트레스 등으로 심박변이도가 낮게 나타나는 사람들은 더욱더 자기조절이 어려울 수 있기 때문에 쉽게 피로해지지 않도록 해야 한다. 명상이나 공원 산책, 운동 및 좋은 식습관 관리를 꾸준히 하면 도움이 된다. 또한 '실행 의도'나 '해석수준'을 활용해 자동적으로 자기조절이 이루어지는 방법들을 익혀둔다면 인지적 노력을 들일 필요가 없기 때문에 자기조절 피로도 덜 일어날 것이다.

의지는 자기조절 피로 앞에서 쉽게 무력해진다.
자동적으로 자기조절이 이루어지는 방법들을
익혀둔다면 굳이 인지적 노력을 들일 필요가 없
어 자기조절 피로도 덜 일어날 것이다.

상황에 따른
행동을 구체화시킨다

"나는 앞으로, 절대 야식 안 먹을 거야!"
"나는 앞으로 밤에 배가 고프면, 우유와 물만 마실 거야!"
어느 쪽이 더 목표를 달성할 가능성이 높을까?

인간의 의도에는 '목표 의도'와 '실행 의도' 두 가지가 있다. 목표가 아무리 강력하다 해도, 목표대로 이루어지는 경우보다 그대로 안 될 때가 더 많다. 목표를 달성하려면 대개 시간이 걸리고, 추구하는 과정에서 자기조절을 꾸준히 유지하는 것이 쉽지 않기 때문이다. "나는 Z를 해낼 거야!"(예: 몸에 나쁜 간식 먹는 습관 끊기)와 같은 목표 의도와 달리, "X 상황이 되면, 나는 Y를 할 거야!"(예: 뭔가 허전해서 과자가 먹고 싶어질 때, 토마토 먹기)처럼 상황에 따른 행동 계획을 구체화한 것을 실행 의도라 한다.

목표 의도에는 단순히 바라는 결과 상태만 들어 있는 반면,

실행 의도에는 '상황'과 '행동'이라는 두 가지 요소가 들어 있다. '만약 ~한다면'의 If 요소는 자신의 특정 상황을 의미한다. 목표에 따라 행동하기를 원하는 시간과 장소를 명시한다. 또한 '~할 것이다'의 Then 요소에는, 자신이 어떻게 행동할 것인지 명시한다. 실행 의도는 한마디로, 상황적 신호와 그때 필요한 목표추구 반응을 강력하게 연합시키는 것이다. 일단 연합이 제대로 형성되면, 중요한 상황적 단서에 대해 의도된 목표 관련 행동을 하는 것에 통제를 맡기게 된다. **실행 의도를 만들어 두면 의식적 제어가 많이 필요하지 않게 되고, 따라서 자기조절에 따른 피로도 덜 일어난다.**

시뮬레이션을
해뒀기 때문에

뇌가 받아들이기엔 이미 한번 해본 행동이어야 다음번에 하기가 더 쉬워진다. 실행 의도가 목표 의도보다 효과적인 이유가 여기에 있다.

"나는 Z를 해낼 거야!"와 같은 형태의 목표 의도는 그 자체로 영원한 미래 시제가 된다. 반면, "X 상황이 되면, 나는 Y를 할 거야!"와 같은 실행 의도는, 설정하는 순간 뇌가 한번 상황에 대해 시뮬레이션을 돌렸기 때문에 뇌로서는 과거로 지각할 수 있다. **인지적으로 시뮬레이션에 따라 예측을 해두었기 때문에 그 생각이나 행동에 접근성이 높은 상태가 되는 것이다.**

시뮬레이션을 해두면 감정 변화와 같은 내부 자극에도 더 잘 대처할 수 있다. 실행 의도 없이 목표 의도만 있다면 어떻게 될까?

예를 들어, 달고 짠 음식을 피하고 규칙적 운동을 하면서 체

중 감량을 하기로 목표를 정했다고 해보자. 처음에는 확고한 의지로 정확히 지켰지만, 어느 날 위기가 찾아왔다. 회사에서 팀장 대신 회의 때 발표를 하게 된 것이다! 발표를 3일 앞두고 갑자기 불안이 밀려오면서 피자, 치킨, 케이크, 도넛 같은 고열량 음식들이 먹고 싶어진다. 어차피 자료 작성 때문에 운동도 못 갈 것 같은데 스트레스를 줄이기 위해 먹고 싶은 것이라도 마음껏 먹으면서 할까? 슬슬 합리화할 핑곗거리들이 늘어나기 시작한다.

불안 때문에 목표가 흔들리는 것이다. 이처럼 내부 자극이 현재 진행 중인 목표 추구를 방해할 때, 정해진 대로 유지하는 것이 매우 어려워진다. 하지만 평소 실행 의도가 설정되어 있는 경우에는 감정적 동요에도 흔들리지 않을 가능성이 훨씬 높아진다. 연구에 따르면 실행 의도를 갖고 있는 사람이, 그렇지 않은 사람에 비해 스포츠 경기에서의 수행 불안[26]이나 시험 불안, 사회 불안을 비롯한 각종 정서적 어려움에도 더 잘 대처할 수 있다[27].

행동을 바꾸는 것은
생각이나 의지가 아니다

습관을 바꾸려는 의지가 효과 없는 이유는 행동을 생각으로 바꾸려 하기 때문이다. 행동을 바꾸는 것은 오직 행동이다. 생각이나 감정, 의지나 동기가 아니다. 따라서 어떤 상황에서 습관적으로 하는 행동들을 그만두려면, 그 상황에 처했을 때 새로운 대체 행동이 바로 나올 수 있도록 구체적으로 준비되어 있어야 한다.[28]

우리가 어떤 행동, 혹은 활동을 할 때는 어떤 맥락이 있다. 의식하든 의식하지 못하든 나름의 목표가 있기 때문에 움직이는 것이다. 그런데 습관적 행동은 거의 자동적으로 이루어지기 때문에 우리가 그 목표를 인지하면서 하는 경우가 드물다. 하지만 특정 행동을 하기 전에 어떤 감정, 혹은 어떤 욕구를 느꼈는지 잠시 멈춰 살피고, 그 행동을 하고 난 뒤에 어떤 느낌이 드는지 확인함으로써 습관적 행동 전후 내 내면의 변화에 대한 모니터링을 거치면 어떤 상황에서 어떤 자극을 받아 그러한 반응을 일으키는지 알아낼 수 있다.

예를 들어, 화가 날 때마다 짠 것을 먹는 사람이 있다고 해보자. 처음에는 단순히 '화났으니까 스트레스 풀려고 먹는다'고 생각하지만, 그렇게 먹어온 짠 음식 때문에 혈압과 콜레스테롤 수치가 높아지고 신경계에도 영향을 미쳐 각종 심리적 증상들이 더 악화될 수 있다. 자동적 반응의 연결고리들을 들여다보고 어떤 감정이 어떤 생각과 행동으로 이어지는지 하나하나 확인하는 것이 필요한 이유다.

스트레스를 받거나 기분이 좋지 않을 때 음식을 섭취하는, 이른바 감정적 식사(Emotional eating)를 하는 사람들은, 특히 어떤 감정 상태나 어떤 상황이 감정적 식사를 하게 되는지 살펴봐야 한다. 감정적 식사가 자신에게 제공했던 기능을 파악하고, 그러한 기능을 얻기 위한 (예: 기분 개선) 다른 행동을 찾아내어 실행 의도를 만들어 둔 뒤, 기분이 안 좋은 상황에 처할 때(X)마다 미리 정해둔 행동(Y)을 실행함으로써 더 나은 행동으로 대체할 수 있다.

다른 고치고 싶은 습관도 마찬가지이다. 모니터링 과정을 통해 습관적 반응을 일으키는 결정적 신호를 확인한다. 그런 뒤 그것을 대체할 행동이나 활동을 정해, 다음번 그러한 신호가 감지되었을 때 새로운 대체 행동을 하면 된다. **동일한**

목표 달성을 위해 기존의 수단이 아닌, 새로운 수단을 쓰는 것, 이것이 반복되면 새로운 수단과 상황의 연결고리가 강해져 기존의 수단은 힘을 잃게 된다.

습관을 바꾸려는 의지가 효과 없는 이유는
행동을 생각으로 바꾸려 하기 때문이다.
행동을 바꾸는 것은 오직 행동이다.
생각이나 감정, 의지나 동기가 아니다.

수단은

다른 수단을 억제한다

어떤 목표와 그 목표를 달성하기 위한 수단들이 있을 때, 수단과 목표는 서로 '촉진하는' 관계가 형성되는 반면, 수단들 간에는 서로 '억제하는' 관계가 형성된다. 아리 크루글란스키 등이 목표체계이론(Goal system theory)을 통해 제안한 것이다. 목표가 하나의 수단을 활성화시킬 경우, 다른 수단들은 억제된다.

예를 들어 생각해보자. A는 어느 날 회사에서 매우 불쾌한 일을 겪었다. 팀장은 농담처럼 가볍게 한 말이었지만 오랫동안 A가 고민했던 문제를 건드렸기에, 상처를 받은 것이다. A는 속 좁은 사람처럼 보일까 봐 팀장에게 한마디도 대꾸하지 못했다. 하지만 집으로 돌아오면서 기분이 점점 더 나빠지는 것을 느꼈다. 집에 도착하자마자 나쁜 기분을 털어내기 위해 게임을 했다. 게임에 몰입하다 보니 모든 것을 잊을 수 있었고, 어느새 새벽 한 시가 되었다.

이때 A가 나쁜 기분을 잊거나 전환하기 위해 선택한 수단은 '게임'이다. A는 우울하거나 불안하거나, 걱정이 있거나 뭔가 안 좋은 느낌이나 생각이 떠오를 때마다 주로 게임을 한다. 게임을 하기 전에는 친구들과 술 마시며 얘기 나누는 것을 좋아했었는데, 친구들이 하나둘씩 결혼을 하고 만나기 어려워지면서 스스로 기분을 달래고 싶을 때마다 게임을 하게 되었다. 기분전환의 수단이 일단 게임으로 정해지고 나니, 언제부턴가 누군가에게 연락을 하고 만나서 술을 마시고 얘기를 나누는 것이 번거롭게 느껴졌다.

A가 기분이 좋지 않을 때 기분을 전환하기 위해 했던 과거의 행동은 친구를 만나 대화하는 것이었는데, 그것이 게임으로 바뀌면서 더 이상은 그럴 때 친구를 찾지 않게 되었다. 기분전환이라는 목표의 수단 중 친구와의 대화보다 게임의 비중이 커진 것이다. 한번 게임이 기분전환을 위해 효과적으로 쓰였다고 느끼게 되면, 그다음부터는 기분을 전환하고 싶을 때마다 게임이 떠오를 확률이 높아진다.

친구를 만나 대화를 하거나, 산책을 하거나, 책이나 영화를 보거나, 운동하는 등의 다양한 수단들은 게임보다 후순위로 밀리게 된다. A에게 기분전환의 수단은 게임이 된 것이고, 게임은 기분전환을 촉진시키는 관계로 굳어진 반면, 일반적으로 기분전환의 수단으로 쓰이던 다른 활동들은 게임에 의해

억제된 것이다.

따라서 기분이 좋지 않을 때 할 수 있는 활동 레퍼토리는 최소한 서너 가지 정도 준비해두는 것이 좋다. 한 가지밖에 없다면 그 한 가지에 더 의존하게 될 가능성이 높아지고 그만큼 중독이 될 가능성도 높아진다. 물론 중독은 단순한 습관을 넘어서는 문제이며, 뇌 보상체계의 장애를 비롯한 더 복잡한 메커니즘에 의해 일어나는 것이지만 말이다.

습관의 쓰임을
알아야 하는 이유

우리는 어떨 땐 알아차릴 새도 없이 어떤 상황에 처하기만 해도 특정 행동을 하게 될 때가 많다.

예를 들어 슬플 때(특정 상황), 기분 전환을 하기 위해(특정 목표를 위해) 술 마시는 것(특정 행동)이 반복된다면, 나중에는 슬픔을 느낄 만한 상황에 처하기만 해도, 바로 술 생각이 나게 된다.[29] 의식적 제어, 혹은 알아차림이 일어나기도 전에 상황 신호를 받아 자동적으로 일어나는 행동이기 때문에, 의식으로 멈추기 어렵고, 바꾸기도 쉽지 않다.

어떤 상황에 놓이기만 해도 특정 행동이 자동적으로 일어나는 것, 이런 것을 '상황-행동 연합'이라고 한다. 그런데 앞에서 살펴보았듯, 목표체계이론에 따르면 하나의 목표를 위한 수단 두 가지는 서로 경쟁 관계에 있다. 따라서 기존의 습관과 반대되는 행동을 특정 상황과 목표에 더 강력하게 연결시킬 때, 과거 습관적 행동이 그 상황 혹은 목표와 갖는 관계는 자동적으로 약해진다.

정리하면, 나쁜 습관을 끊는 가장 좋은 방법은 그것을 대체할 새로운 습관을 만드는 것이다. **특히 나쁜 습관이 '어떤 상황'에서 '어떤 목표를 위해' 쓰이고 있는지 정확히 파악해, 과거 행동을 대체할 '새로운 행동'을 구체적으로 정한다.** 내 행동에 어떤 감정적 의도, 어떤 동기가 있는지 파악해 실행 의도를 형성하는 것이다.

한번 따라해보자. 나는 '이러이러한' 상황에서 '어떤' 목표를 위해 '무엇을' 해왔다. 지금부터는 '이러이러한' 상황이 오면 '다른 무엇을' 할 것이다. 예를 들자면 이렇게. '나는 기분이 울적해지면 나 자신을 달래려고 술을 마셔왔다. 지금부터는 기분이 울적해지면 ○○ 공원을 30분간 산책할 것이다.'

우리는
늘 하고 있다

"한 번에 두 가지를 한다는 것은,
아무것도 안 한다는 것이다."

고대 철학자 푸블리우스의 말이다.

우리는 늘 너무 많은 것을 한다.
심지어 무엇을 하고 있는지 의식하지도 못한다.

심리적 거리와
해석수준

자기조절은 결코 간단한 작업이 아니다. 뭔가를 참고 해내거나, 참지 못하고 포기하는 것만을 의미하지 않는다. 자신의 생각과, 감정, 행동들을 목표에 부합하도록 관리하고 적응해 나가는, 실로 방대한 프로세스라고 할 수 있다. 여기에는 어떤 목표를 추구할 것인지 결정하고, 목표 추구의 방법들을 계획하는 것, 계획대로 실행하는 것이 포함된다. 그뿐만 아니라 방해되는 요소들로부터 목표를 보호하는 것과 성공과 실패를 경험하면서 목표를 고수할 것인지, 버리거나 바꿀 것인지 결정하는 것 등 복잡하고 다양한 요소가 들어 있다.[30] 우리는 종종 지금의 이익과 미래의 이익이 상충하거나 당장의 유혹이 크기 때문에 갈등을 경험하기도 한다.

이처럼 내면의 갈등 때문에 자기조절이 어려울 때 효과적으로 적용해볼 수 있는 것이 '해석수준'이다.

해석수준 이론(Construal level theory)은 본래 '심리적 거리 (Psychological distance)' 개념에서 시작되었다. 이 이론에 따르면, 어떤 일에 대한 우리의 해석과 반응은, 지금 자기가 있는 곳을 중심으로 '심리적 거리'가 멀고 가까운지에 따라 달라질 수 있다.[31] 이때 거리란 시간적, 공간적, 사회적, 가설적 거리를 의미한다. 시간이나 장소가 가깝거나 먼 것, 나와의 친분을 기준으로 사이가 가깝거나 먼 것, 일어날 법한 가능성이 높거나 낮은 것을 모두 포함한다. **나 자신을 중심으로 하는 심리적 거리가 크면 클수록 사건이나 대상이 심리적으로 멀게 느껴져 상위수준으로 해석하게 된다는 것이다.**[32]

예를 들어 내년에 일어날 일이나 다른 나라에서 일어난 사건에 대해서는 추상적이고 포괄적으로, 내일 있을 일이나 내가 살고 있는 곳에서 일어난 사건에 대해서는 구체적이고 지엽적으로 생각하기가 쉽다는 것이다. 가까운 미래, 가까운 곳, 잘 아는 사람이나 있을 법한 일에 대해서는 우리가 상대적으로 많은 정보를 갖고 있기 때문에 이러한 받아들임의 차이는 당연하게 느껴진다.

하지만 이 이론을 조금 더 들여다보면 흥미로운 사실을 발견할 수 있다. 상황에 따른 차이만이 아니라 개인의 경향성에도 차이가 있기 때문이다. 어떤 사람들은 주로 상위수준 해

석을 하는가 하면 어떤 사람들은 하위수준 해석을 더 많이
한다. 그리고 이것이 자기조절에도 영향을 끼친다.

어떤 일에 대한 우리의 해석과 반응은,

지금 자기가 있는 곳을 중심으로

'심리적 거리'가 멀고 가까운지에 따라 달라질 수 있다.

나는
어떤 수준의 해석을 많이 할까?

다음의 간단한 질문에 대해 한번 대답해보자. 오래 생각하지
말고 직관적으로 응답해야 한다.

우선, 치과에 간다고 하면 무엇이 떠오르는가?
충치 치료나 사랑니 빼기인가? 아니면 건강 검진, 건강 관리
의 하나라고 생각되는가?
둘째, '청소' 하면 떠오르는 것은?
청소기를 돌린다거나 걸레질을 한다? 아니면 '깨끗하게 하
는 것'이라거나 '집안일의 하나'와 같은 대답이 떠오르는가?
셋째, '쇼핑' 하면 떠오르는 것은?
당신이 자주 가는 마트나 백화점의 이름이 먼저 생각나는
가? 아니면 물건을 구입하는 행위? 기분전환? 이런 대답이
떠오르는가?
마지막으로, '친구' 하면 떠오르는 것은?
'남준' '현주'와 같은 실제 친구 이름이 떠오르는가, 아니면

'친구란 서로 믿는 사이'라든지 '친구란 잠시 쉬어갈 수 있는 나무 그늘 같은 존재'와 같은 대답이 생각나는가?

네 개의 질문에 대해 당신의 대답은 어느 쪽에 가까운 편인가? 첫 번째 예시처럼 구체적인 대답이 많이 나왔다면 하위수준 해석을 더 자주 한다는 뜻이고, 두 번째 예시처럼 추상적인 대답을 더 많이 했다면 상위수준 해석을 더 자주 한다는 뜻이다.

좀 더 큰
맥락을 보려면

자기조절을 잘하는 사람은 목표와 동기가 분명하고 그에 부합하는 가치관과 행동 구조를 갖춘 사람이다. 여기에는 많은 인지적 역량이 필요하지만, 특히 인지적 추상화(Cognitive abstraction)가 가장 중요한, 결정적 메커니즘이라 할 수 있다. 추상화란, 겉으로 볼 때 제각각 달라 보이지만 그러한 피상적인 면들을 넘어 공통되는 특성을 뽑아내는 작용이다. 핵심만 추려내어, 서로 어떻게 비슷하고 다른지 보게 한다.

사람들의 의사결정과 행동에 영향을 끼치는 것은 결국 어떤 객관적 특징이 아니라, 주관적 해석이다. 예를 들어, 어떤 정치인의 돌발적 행동에 대해, 내가 지지하는 정당의 정치인이라면 '타인의 시선을 두려워하지 않는 과감한 행보'라고 할 수 있지만, 나와 반대되는 입장에 서 있는 사람에게는 '기본적인 예의도 없는 뻔뻔함의 극치'로 받아들여질 수 있다. 이처럼 각자의 해석에 따라 특정 사건이나 대상, 나아가 세상에 대한 이해가 달라진다. 어떤 사람은 추상화 경향이 강해 항상 중장기적 관점을 갖고 멀리 바라보며 그와 일관된 의사결정을 주로 하는 반면, 어떤 사람은 그보다 단기적인 생각을 하는 편이라 지금 여기 있는 곳에서의 이익과 불리함, 좋고 싫음에 따라 행동하는 차이를 보인다.

어떤 일이나 대상의 전반적 특성이나 추상적인 면에 초점을 맞추는 해석을 '상위수준 해석'이라 하고, 지엽적 특성이나 구체적인 면에 초점을 맞추는 해석은 '하위수준 해석'이라 한다. 예를 들어, '운동'에 대한 상위수준 해석은 '건강에 좋은 행위'가 될 수 있고, 하위수준 해석은 '근력운동'이나 '조깅'이 될 수 있다.

해석수준 이론을 제안하는 학자들은, 사람들의 생각이 낮은 해석수준에 머물러 있을 때는 목적이나 방향에 대해 의식하지 못하고 구체적 단서에 더 민감해지기 때문에, 지금 눈앞의 유혹을 자제하지 못하고 통제력을 잃어버릴 가능성이 더 크다고 주장한다.[33] 더 큰 맥락을 보지 못해 장기적 이익이나 목표에 부합하는 자기조절을 하기 어려워진다는 것이다.

자기조절을 효과적으로 하기 위해서는 상위수준 해석과 추상적 사고 역량이 반드시 필요하다.[34] 반복된 실험 연구 결과, 상위수준 해석이 활성화되어 있는 사람들은, 하위수준 해석이 활성화된 사람들보다 즉각적 만족을 지연시키는 경향이 더 컸고 인내력도 높았으며, 자기조절을 방해하는 유혹적 대상에 대해서도 덜 흔들리는 것으로 나타났다.[35]

칭찬과 인정에
지나치게 민감하다면

우리는 흔히 타인으로부터 부정적 피드백을 받았을 때 부정적 기분을 경험하게 된다. 그러나 장기적으로 성공하거나 더 나은 성취를 위해서는 부정적 피드백을 동력으로 삼아 개선하고 나아가는 것이 필수적이다. 칭찬을 받고 격려를 받는 것만큼이나, 부정적 피드백을 잘 받아들이고 긍정적으로 해석하는 것이 매우 중요하다. 그런데 연구에 따르면 사람들은 단기적 정서적 고통을 피하기 위해 부정적 피드백을 무시하거나 떨쳐버리려는 경향을 보이는데, 이러한 방어적 경향이 상위수준 해석을 하는 사람들에게서는 줄어드는 것으로 나타났다.

상위수준 해석을 하는 사람들은 하위수준 해석을 하는 사람들에 비해, 자신을 부정적 피드백에 개방하려는 의지가 더 높은 것으로 나타났다.[36] 이들은 부정적 정보에 대한 수용도 더 잘한다.[37] 반면 지금 여기에서의 좋은 경험, 좋은 기분에 더 중점을 두는 사람은 지금 긍정적인 피드백을 받고 칭찬과 격려를 받는 것에 더 치우칠 수 있다. 따라서 좋은 평가를 받으면 기분이 매우 좋아지고, 기대에 미치지 못하는 평가를 받으면 기분이 나빠지고 의욕을 상실하는 경험을 할 가능성이 높아진다.

사람들에게 칭찬이나 인정을 받기 위해 지나치게 애쓰는 사람들은 자신의 인정욕구가 높아서 힘들다고 말한다. 그런 사람들은 자신의 평소 생각이 이러한 해석수준과 관련이 있지 않은지 검토해볼 필요가 있다. **하위수준 해석을 주로 하거나, 장기적 목표나 목적이 부재해서 지금의 경험에 압도되거나 매몰되는 것은 아닌지 말이다.**

물론 과잉 인정욕구는 그리 간단한 문제가 아니다. 인정욕구는 부모의 양육태도나 유년기 경험, 애착과 수치심, 자기비난 경향, 완벽주의, 나르시시즘 등 상당히 복잡하고 많은 요인이 관련되어 있어서 무엇 하나 때문에 일어난다고 말하기 어렵다. 하지만 해석수준을 통해 보완할 수 있는 여지도 많이 있다.

맥락을 바꾸면
의미가 바뀐다

해석을 바꾸면 심리적 반응이나 보상 역시 바뀔 수 있다. 체중 감량을 위해 다이어트를 하는 사람이 있다고 해보자. 그 사람이 도넛을 보았을 때 '달콤하고 맛있으며 너무나 먹고 싶지만 참아야 하는 것'이라고 생각한다면 먹고 싶다는 생각과 참아야 한다는 생각이 내면에서 갈등을 일으킬 것이다. 반면 도넛을 보는 즉시 '기름, 설탕, 밀가루를 뒤섞은 덩어리이자 내 목표에 방해가 되는 이물질'이라고 생각한다면 먹고 싶다는 욕망도 덜 일어날 것이고 따라서 참아야 할 필요도 줄어들게 된다.

이처럼 맥락을 바꾸면 보상 구조가 바뀌고 의미가 바뀔 수 있다. 자기조절에 관한 모든 영역에서, 유혹을 억지로 참는 것보다 유혹 자체가 덜 일어나게 하는 것이 훨씬 효과적이다. **자제력이 높은 사람, 자기 제어에 성공적인 사람은 어떤 의미에서 노력을 많이 하는 사람이 아니라, 유혹이 덜 일어**

나기 때문에 결과적으로 참는 노력을 덜 하는 사람이다.

어떤 대상을 떠올리면서 참는 것은, 그 대상에 대한 주의력이 높아져 유혹하는 강도도 동시에 높아질 수 있다. 그보다 상위 개념을 통해 우회적으로 제어하는 것이, 대상에 대한 주의력을 낮추기 때문에 훨씬 효과적으로 제어할 수 있다. 또한 유혹의 대상과 부정적 해석을 연합하는 것이 통제에 도움이 된다. 연구에 따르면, 상위수준 해석을 주로 하는 사람들에게서 유혹과 부정성의 연합이 더 강하게 일어나기 때문에, 유혹의 대상에 대해 부정적으로 인식해 유혹에 덜 휘둘리는 것으로 나타났다.

자기조절에 관한 모든 영역에서, 유혹을 억지로 참는 것보다 유혹 자체가 덜 일어나게 하는 것이 훨씬 효과적이다.

하위수준 해석이
더 효과적일 때

상위수준 해석이 만병통치약인 것은 아니다. 어떤 일을 구체적으로 계획할 때는 하위수준 해석이 반드시 필요하다.

또 좌절과 실패를 경험할 때는 하위수준 해석이 더 효과적이라는 연구들도 있다. 목표를 달성하지 못했을 때 우리는 실패의 원인을 생각하게 된다. 이때 하위수준 해석을 주로 하는 사람들은 구체적인 상황에서 실패의 원인을 찾는 반면, 상위수준 해석을 주로 하는 사람들은 일이 잘 안된 것을 자기 탓으로 여기기 쉽다. 따라서 상위수준 해석을 자주 하는 사람들은, 그렇지 않은 사람에 비해 부정적 사건에 대해 우울하게 반추할 가능성이 높다.[38]

또한, 목표를 추구하다가 여러 차례 크고 작은 실패를 경험하는 것은 당연한 일인데, 상위수준 해석을 하는 사람들은 과잉 일반화하는 경향이 있기 때문에 한 번의 실패를 경험하고 나서 목표를 아예 포기할 확률이 더 높을 수 있다. 따라서 **생각대로 일이 잘 돌아가지 않거나, 목표가 너무 멀어 보여**

좌절을 경험할 때일수록 구체적인 단서에 집중하는, 하위수준의 해석을 하는 것이 더 도움이 될 것이다.

이것은 낙관적인 사람의 딜레마와 비슷하다. 대체로 밝은 면을 바라보는 기질적 낙관론자들은 정상적 상황에서는 비관론자보다 면역력이 좋다. 하지만 연구[39]에 따르면, 힘든 상황에서는 낙관적인 사람들이 비관적인 사람보다 오히려 더 면역 기능이 떨어지는 것으로 나타났다. 낙관적인 사람들은 일이 잘 되어갈 것이라 기대하기 때문에 통제할 수 없는 상황, 스트레스가 장기화되는 상황, 혹은 목표들이 서로 상충해 갈등이 일어나는 상황을 더 힘들게 받아들인다. 상황이 긍정적이고 통제 가능할 거라고 믿기 때문에 막상 그들의 기대와 반대되는 결과가 나타났을 때 더더욱 스트레스를 받는 것이다.

단기 목표와
장기 목표에 따라서

장기적, 추상적 목적과 즉각적, 구체적 경험의 간극을 조절하는 것이 사실상 자기조절의 핵심을 차지한다. 체중 감량 계획대로 샐러드를 먹고 운동하러 갈 것인가, 아니면 모처럼 만난 친구들과 치맥을 먹으러 갈 것인가. 오늘 해야 할 수험 공부를 먼저 마치고 놀 것인가, 아니면 보고 싶던 영화부터 보고 나서 공부를 할 것인가. 사고 싶은 것이 생겼지만 여행을 위해 돈을 아껴둘 것인가, 일단 놓치기 전에 쇼핑부터 하고 볼 것인가.

상위수준의 해석은 어떤 행위의 목표가 가치 있는지 생각하게 한다. 가치나 신념은, 근접한 미래보다는 먼 미래의 의사결정에 더 많은 영향을 끼친다. 반면 현재나 가까운 미래의 의사결정을 할 때 사람들은 수단이나, 방법, 현실성을 중심에 놓고 선택할 가능성이 더 높다. 상위수준의 해석은 '그것이 바람직한가?'를 따진다면, 하위수준의 해석은 '현실적으로 가능한가?'를 따지게 된다.

가까운 미래의 일에 대해 사람들은 자신의 가치나 신념, 목적보다는 당장의 상황이나 맥락에 더 영향을 받는다. 따라서 이러한 경향을 자기조절 맥락에 적용해보면, 단기적 조절이 필요할 때는 상황적 단서를 잘 설계하고 효과적으로 배치하는 것이 중요하다.

예를 들어, 1년 이내에 중요한 시험을 앞두고 있다면, 시험과 관계없는 단서들은 눈앞에서 모두 치우는 것이 좋다. 대신 시험을 준비하는 데 필요한 자료나 구체적 행동 계획을 잘 보이도록 배치하는 것이다. 가까운 미래에 대한 행동 조절은 신념과 의지보다 환경이나 상황 신호의 영향을 더 크게 받을 수 있기 때문이다. 자동적으로 목표 추구 행위가 일어나도록, 실행 의도를 설정해두는 것도 매우 효과적이다.

반면 장기적인 관점에서 생각과 행동을 일관되게 조절해 나가기 위해서는 가치나 목적에 대한 정립과 활성화가 필요하다. 일상의 관리를 위해서는 실행 가능성을 높일 수 있는 환경 설정이 필요하지만, 먼 미래를 염두에 둔 바람직한 선택을 하기 위해서는 자신의 가치나 목적을 잘 정립해두어야 한다.

좋은 삶을 위해서는 Why(상위수준 해석)와 How(하위수준 해석) 두 가지 모두 필요하다.

나는 매일 조금씩
선명해진다 ━━━━━━━━

7.

시작을 바로잡을 수는 없어.
하지만 엔딩을 바꿀 수는 있지.

- C. S. 루이스

더 이상

상황에 휘둘리지 않으려면

'이제 더 이상 흔들리지 않았으면 좋겠다.'

삶을 살면서 심리적 안정을 바라는 건 계속되는 것 같다. 상황에 휩쓸리지 않고 뭔가 중심이 잡혀 있는 상태를 유지하기란 얼마나 어려운가. 그러나 답은 사실 매우 간단하다. 매일 하는 일을 '전심전력을 다해 하는 것'이다. 다른 생각 없이 오직 지금 일에 매진하는 것이다.

심리적으로 안정되어 있어야 무언가를 꾸준히 할 수 있는 게 아니다. 사실은 거꾸로다. 매일 하는 것이 당신을 안정되게 만든다.
부서져버리거나 흩어져버리기 쉬운 마음을 붙들어 매는 말뚝 같은 것은, 다름 아닌 지금 여기 일상에서 당신이 하는 일이다. 설거지, 청소, 걷기, 회의, 서류 작성…. 그게 무엇이든 '온 마음을 다해 하는 것'이다.

할 만한 기분이
아닐 때

감정의 기복이 심하거나 충동적으로 무언가를 하거나 하지 않는 사람들에게 가장 필요한 것 또한 마음을 붙들어둘 만한 구체적 행동이다.

'내가 이걸 하고 싶은 걸까?' '지금 해야 할까?' '할 만한 기분인가?'

이런 사람들은 무언가를 하기 전에 마음이 정리되어야 한다고 생각하기 때문에 '할 만한 기분'이 중요해진다. 그래서 무언가를 하려다가 '할 만한 기분'이 아니라고 생각해 그만두거나 안 하는 일이 반복되고, 해야 할 것들은 점점 쌓이는 것처럼 느껴진다. 그러면 결국 자기 감정이나 기분에 더 많은 무게중심이 실려 감정이나 기분이 좋지 않거나 의욕이 나지 않으면 걱정부터 하게 된다. '기분이 왜 이렇게 안 좋지? 왜 이렇게 무기력하지? 하기 싫은 마음이 드는데 이거 어떡하지?'

기분에 힘을 더 실어줌으로써 스스로 기분의 노예가 되는 것이다. 게다가 단순히 안 하는 것으로 끝나지 않는다. 하기로 약속되어 있는 일을 갑자기 하고 싶지 않아서 그만두게 되면 나중에 자기 자신에 대한 불신과 자책감 때문에 더 혼란스럽게 된다.

그러므로 기분이나 의욕, 하고 싶거나 하고 싶지 않은 마음에 좌우되지 않으려면, 오히려 그런 느낌이나 생각에 관계없이 하기로 한 것을 제때 하는 습관을 들여야 한다. **'좋든 싫든 하기로 한 것은 반드시 하는 것'**을 경험하게 되면 오히려 자신의 감정에 덜 휘둘리게 되고 **'그럼에도 불구하고 나는 하기로 한 것을 하게 될 것'**이라는 믿음이 생겨나면서 단단해진다. 일시적으로 마음이 불편하고 내키지 않아도, 하기로 스스로 약속한 행위를 해내는 것, 그럼으로써 자기 자신을 믿고 의지하는 것, 오히려 거기에 기분으로부터의 자유가 있다.

감정이나 기분을 바꾸려고 애쓰지 말고 하기로 되어 있는 일에 온 마음을 다해보자. 밥을 먹었으면 정성스레 설거지를 하고 양치를 하고, 친구를 만나기로 했으면 그 친구와의 만남과 대화에만 오로지 신경 쓰는 것이다. 그렇게 '행위'에 집중하다 보면 어느새 미묘한 감정이나 기분 때문에 그만두거나 취소하거나 대충하는 일이 없게 되어 자기 불신이나 자기 혐오도 줄어들게 된다. 감정은 감정대로 받아들이고, 일단 하기로 한 일은 정성껏 하고, 필요하다면 나중에 여유가 있을 때 그 감정을 다시 다독이는 여유를 갖는 것도 가능하다.

게을러 보이는

완벽주의자

완벽주의적 성향이 있는 사람들은 '나중에 제대로' 하기 위해서 지금 하기로 한 것을 안 할 때가 있다. 겉으로 볼 때 게을러 보이지만, 사실은 '더 잘 하기 위해' 계속 미루고 있는 것이다.

다만 할 일을 미루고 제때 안 하다가 나중에 닥쳐서 급하게 겨우 마치는 것이 쌓이다 보면 자기 자신을 믿지 못하게 된다. 그래서 늘 불안해하고 언제 또 그런 상황에 처하게 되지 않을까 전전긍긍해한다. '마감에 맞춰서 못 하면 어떻게 하지?' 하고 걱정하면서도 미루는 것을 멈추기 어렵고, 결국 마지막 순간에 고생하는 악순환에 빠지게 된다.

제대로 하려고 미루는 것이 몸에 배어 있어서 그렇다. 이런 사람들은 '실제로 하는 것'보다 늘 '생각으로 하는 것'이 더 많다. **생각이 행위보다 과도하게 많아지면, 보이는 결과가 없으니 당연히 불안해지거나 우울해진다. 그러므로 지금 내**

수준대로, 지금 내 역량대로 '다만 한다'는 마음으로 가볍게 해보는 것이 필요하다.

내가 들인 노력에 비해 더 나은 결과를 욕심내니까 불안해지는 것이다. 어차피 모든 일은 내가 들인 노력, 내 수준만큼만 결과가 나올 테니까 미래에 대해서는 일단 생각을 접고 모든 판단을 잠시 끄고, 지금 하는 것에 몰두하자고 마음을 다독이는 게 필요하다.

그렇게 순수한 마음으로 행위에 전념하는 시간이 길어지다 보면 새로운 습관이 형성되고, 그렇게 새로운 행동 패턴이 반복되면서 뇌신경 배선에도 변화가 일어난다. 금방 희미해지고 사라지는 생각이 아니라, 내가 직접 몸으로 반복하는 행위가 뇌를 바꾸는 것이다.

매일 하는 것이
나를 만들어간다

매일매일 무언가를 한다는 것은, 단순히 규칙적으로 반복해서 한다는 것이 아니다. 뇌에 새로운 신경망을 연결하고 몸에 새로운 길을 낸다는 것을 뜻한다. 아침에 눈을 뜨면서 생각할 정도로 숨 쉬듯 당연하게 한다는 것이다. 늘 염두에 두고 있으며 하루라도 하지 않으면 어딘가가 불편해진다는 것을 뜻한다.

그렇다고 해서 늘 쉽게 자동적으로 하게 됨을 의미하지는 않는다. 어떤 날은 하기 싫기도 하고 잘되지 않을 때도 있으며 진척이 없어 마음이 무거워지기도 하지만 그럼에도 불구하고 하는 것이다. 좋든 싫든, 잘되든 안되든 온 마음으로 전념해서 매일매일 한다는 뜻이다.

당신은 무엇을 매일 하는가?
매일 하는 것이 당신을 만들어간다.

매일매일 하는 행위가, 당신의 말이 되고 생각이 되고 감정
이 될 것이다.

습관이 될 것이고 운명이 될 것이고 정체성이 될 것이다.

당신은 곧, 당신이 매일매일 하는 것이다.

많은 사람들이 할 만한 기분이 아니어서 미룬다.

더 잘하기 위해 미룬다.

좋든 싫든, 잘되든 안되든 다만 한다는 마음으로 하는 게 중요하다.

당신은 곧 당신이 매일매일 하는 것이다.

누군가의 하루하루를
만나는 것

언제나 나를 설레게 하는 두 사람의 아티스트가 있다. 피아
니스트 김선욱과 피겨 스케이터 우노 쇼마다. 글 쓰는 것이
잘 풀리지 않거나, 뭔가 활기가 필요하다고 느낄 때 나는 김
선욱의 연주를 듣거나 우노 쇼마의 피겨 스케이팅 연기 동영
상을 본다.

김선욱의 손가락은 피아노 위에서 무대를 장악하고, 우노 쇼
마의 두 다리는 스케이트 안에서 아이스링크를 완전히 장악
한다. 그들의 움직임은 매끄럽고 파워풀해서 무대를 빈틈없
이 꽉 채운다. 마치 김선욱이 피아노를 치는 것이 아니라, 피
아노가 김선욱의 손가락을 움직이는 것 같고, 우노 쇼마가 스
케이트를 타는 것이 아니라, 스케이트가 우노 쇼마를 태우고
달리는 것처럼 느껴진다. 처음 접했던 순간부터 나는 그들의
퍼포먼스에 매료되어 나 자신을 잊을 정도로 빠져들었다.

그들의 무엇이 나를 뒤흔들어놓았던 것인지 나는 궁금했다.

그들은 어떤 사람일까? 완벽에 가까운 퍼포먼스가 나오기까지 그들에게는 어떤 일상이, 어떤 히스토리가 있었을까? 나는 그동안 신문과 잡지에 실린 인터뷰 기사들을 찾아보았다. 아니나 다를까 그들의 일상은 오직 연습과 수련에 초점이 맞춰져 있었다. 두 사람 모두 하루 연습 시간을 3시간으로 정했으면 무슨 일이 있어도 그 시간을 다 채우고 물러났다. 컨디션이 좋거나 좋지 않거나 상관없이, 연습이 잘되든 되지 않든 상관없이 매일 정해진 시간 동안만큼은 연습에 몰입했다. 지독한 반복으로 다져진 몸과 마음에서, 자동적으로 흘러나오는 것같이 매끄러운 연주와 연기가 빚어진 것이다.

이른바 완벽주의자라고 불리는 김선욱은, 한때 손가락의 움직임을 단련하는 '부점 연습(두 음의 길이를 3:1 혹은 2:1 비율로 바꿔 앞의 음은 길게, 뒤의 음은 짧게 연주하는 훈련)'을 꾸준히 했던 것으로 유명했다. 피아니스트들의 설명에 따르면, 이는 마치 모래주머니를 차고 달리는 육상선수처럼 상당한 피로감과 지루함을 이겨내야 하는 훈련이라고 한다. 김선욱은 매일 정해진 연습량을 놓치지 않기 위해, 피아노가 없는 곳으로는 여행도 가지 않았다.

우노 쇼마의 경우에도 비슷하다. 한번은 프랑스 파리로 출장 경기를 갔을 때 취재 기자가 물었다. 파리에서 경기를 하는 것이 고향 나고야에서 하는 것과 어떻게 다르냐고. 쇼마는 웃으며 말했다. 경기장과 호텔만 왔다 갔다 했기 때문에 '전혀 다르지 않다'고. 하긴 주니어 시절에도 메달을 딴 뒤의 인터뷰에서, "지금 뭐 하고 싶어요?"라는 기자의 질문에 머리를 긁적이며 "스케이트 타러 가고 싶어요"라고 했던 우노 쇼마였다.

김선욱의 피아노 연주를 듣거나 우노 쇼마의 피겨 스케이팅 연기를 보면 내게 어떤 에너지가, 힘이 전해진다. 물론 두 사람 모두 타고난 재능으로 어린 시절부터 천재라는 소리를 들었던 인물들이다. 하지만 감동을 주는 퍼포먼스의 중심에는 매일매일의 연습으로 꽉 채워진 일상이 놓여 있다. 그들이 해낸 화려한 성취 뒤에는 자신의 일을 정성스레 대하는 태도가, 집요한 노력과 정교한 훈련이 있다. 나는 그들의 집요함과 정교함을 존경한다. 내게 전달되었던 그 강렬함이, 비단 무대 위에 펼쳐진 연기에서 나온 것만은 아니다. 그것은 동시에 하루하루 그들이 축적해온 에너지였다. **우리가 한 사람을 만날 때는, 그가 살아온 하루하루를 만나는 것이니까.**

매일같이 하면
___
선명해지는 것들

나는 글을 잘 쓰는 사람은 아니지만, 매일같이 글을 쓴다.

세상에는 한순간에 왔다가 금세 사라져버리는 것이 있고
변함없이 항상 그 자리에 그대로 있는 것이 있다.

무언가를 매일같이 하는 사람의 눈에는

왔다 가는 것들과

오지도 않고 가지도 않는 것이 선명해진다.

죽음을 생각하는 것은
삶을 생각하는 것

"삶은 단지 걸어 다니는 그림자. 잠시 주어진 시간 동안
무대 위에서 우쭐대고 안달해 하다가도 이내 무대 뒤로
영영 사라져버리는 가련한 배우."

셰익스피어의 4대 비극 중 하나인《맥베스》, 5막 5장에 나오
는 대사다.

우리는 언젠가 죽을 것이고, 그때를 결코 예측할 수 없다는
사실은 누구나 알고 있다. 예외 없이 모두에게 닥칠 일이지
만 이상할 정도로 우리는 죽음에 대해 아무런 얘기를 하지
않는다. 예를 들어 대학교 입학이나 결혼, 출산과 양육 같은
것에 대해서는, 주위에 많은 조언을 구하고 이렇게 저렇게
해야겠다고 계획하고 궁리하면서 죽음에 대해서는 어떤 대
비도 하지 않는다. 마치 영영 오지 않을 일처럼 잊고 살다가
어느 날 불쑥 다가오면 진저리치며 싫어하거나 비탄에 빠진
다. 어떻게 죽어야 잘 죽는 것일지 서로 조언을 구하기는커

넝 의견을 나누지도 않는다.

하지만 죽음이 있기 때문에 삶이 있는 것이므로, 죽음을 대비한다는 것은 곧 삶을 정비한다는 것이다. **'어떻게 하면 잘 죽는 걸까?'는 '어떻게 하면 잘 사는 걸까?'라는 질문과 다르지 않다.** 세상은 너무 빠른 속도로 돌아가고 사람들은 늘 무언가를 하고 있다. 자신의 삶이 어떤지 돌아보기에는 바깥 세상의 변화가 너무 빠른 것일까? 아니면 집행유예 받았다는 사실을 잊어버리고자 끊임없이 롤러코스터에 올라타는 것일까?

당연한 것은
없다

"당신이 알아차리든 알아차리지 못하든, 기적은 매순간 일어난다."

도겐 선사가 한 이 말은 우리에게 울림을 준다. 만약 우리가 다리를 다쳐서 잘 걷지 못하게 되어 화를 낸다면, 그것은 다치지 않은 다리를 '원래의 것'으로 착각하기 때문이다. 당연한 것으로 여기기에, 그것이 '기적'이었음을 알지 못하는 것이다.

지금 숨 쉬는 것이 기적이고, 걷는 것이 기적이며 사람들을 만나 두 눈을 마주치고 이야기할 수 있다는 것이 기적이다. **매순간이 기적이다.**

공상만으로는
간절해질 수 없다

이따금 '간절히 원하는 것' 혹은 삶의 목적을 찾아 방황하는 분들을 만난다. 그런데 **무엇을 하기 전에, 공상만으로 '간절' 해질 수는 없는 것 같다. 무엇을 계속하다 보면, 그 안에서 간절한 마음이 일어난다.** 그런 의미에서 현자들은 무엇이든 '매일 할 것'을 강조했다. 잘하고 못하고, 잘되고 안되고를 떠나서 매일같이 하는 것이다. 매일매일 하다 보면 그윽한 향기가 생겨나고 정성이 깃든다. 내가 있는 자리, 하고 있는 일 가운데에서 자연스럽게 발견되는 것이 삶의 목적이자 의미이지, 생각이나 관찰을 통해서 찾을 수 있는 것이 아니다.

현재 상황에 전념하지 못하고 생각만 많아지는 것은, 지금의 여건에 대한 불만족 때문이다. 우리는 남과 나의 처지를 비교하면서 후회하거나 공상하는 일이 잦다. 불만족 때문에 종종 현실에서 미끄러지면서 정작 자기 안의 자원을 보지 못한다. 자신의 현실이 볼품없다고 믿기 때문에 나보다 더 나은 사람, 더 좋은 곳을 찾아 헤맨다. 하지만 각자에게는 각자가 넘어야 하는 산이 있다. 어떤 이에게는 바위산과 같이 험준한 산이, 어떤 이에게는 동네 뒷산처럼 완만한 산이 놓인다. 어떤 이는 걸어서 가고, 어떤 이는 뛰어서 가며 어떤 이는 외다리로 간다. 어떤 이는 중장비로 흙더미를 파내며 길을 내면서 가고 어떤 이는 숟가락만 한 삽으로 파면서 간다.

삶에서 그냥 주어지는 것은 없다. 자신이 놓인 조건, 곧 토양을 있는 그대로 받아들이고 묵묵히 자기 할 일을 하는 사람은 시간과 함께 자연스럽게 열매 맺고 꽃 피운다. 삶의 의미나 목적은 그런 과정 중에 자연스레 발견된다. 다른 사람의 토양과 자신의 토양을 비교하면서 자책하고 후회하는 사람은, 항상 다른 사람의 열매와 꽃만 구경하다가 삶을 놓친다.

내가 있는 자리, 하고 있는 일 가운데에서 자연스럽게 발견되는 것이 삶의 목적이자 의미이지, 생각이나 관찰을 통해서 찾을 수 있는 것이 아니다.

꾸준히
하기 위해서는

무언가를 꾸준히 하기 위해서는 가장 필요한 마음가짐이 있다. 어디로 갈지 방향이나 지향은 분명히 하되, 이것으로 무엇을 얻고 무엇을 해내고 하는 등의 계산은 잠시 내려놓는 것이다. 그래야 내가 실제로 하는 행위에 전념할 수 있다.

이걸 얻고 이걸 해내야지, 하는 계산이 있으면 그걸 얻지 못했을 때 마음이 흐트러져 애초의 행위를 지속할 수 없게 된다. 그래서 그만두고 다른 것을 찾아가게 된다. 찾고 시작하고 그만둔 뒤 무언가를 또 찾아가는, 무한반복이 일어난다.

부채질을
계속 하는 의미

부채질을 하는 마곡 선사에게 승려 하나가 와서 물었다.

"스승님, 바람이란 끊임이 없어 세상 모든 곳에 도달하기 마련인데, 어찌하여 부채질을 하고 계십니까?"

그러자 마곡은 답했다.

"자네는 바람이 끊임없다는 것은 알고 있으면서도, 세상 모든 곳에 도달한다는 것의 의미는 이해하지 못했구만."

승려는 물었다.

"그렇다면 세상 모든 곳에 도달한다는 것의 의미는 무엇입니까?"

마곡은 말없이 부채질을 계속했다.

그때 승려는 깨닫는 바 있어, 정중히 절을 하고 물러갔다.[40]

참본성은 누구에게나 본래 있는 것이지만, 매일의 수행이 없으면 체득할 수가 없다. 부채질은 바람을 실감하기 위한 행위로, 좌선에 대한 비유로 쓰였다. **부채질하는 법에 대한 설**

명을 듣는다고 해서 시원해지지 않듯, 좌선 혹은 명상에 대한 방법을 공부한다고 해서 수행이 되는 것은 아니다. 스스로 삶 속에서 행해야만 한다.

문제 없이는
삶도 없다

무언가를 더 얻거나 달성하면 만족이 늘어날까? 결코 아니다. 우리는 내일 이 시간에 무슨 일을 겪게 될지 예측할 수 없고 한치 앞도 제대로 보지 못한다.

'이 문제만 해결되면 좋겠다, 병만 안 걸리면 좋겠다, 가족들만 무탈하면 정말 좋겠네….' 잠시 잠깐 그렇게 생각해도 또 불만족의 주제가 찾아들 것이다. 그것은 우리가 시간적 존재라서, 변화 안에 존재하기 때문이다.

문제 없이는 삶도 없으니, 이왕 존재하는 문제를 정확히 있는 그대로 보고 받아들이는 것이 고통을 키우지 않는 길이다. 하루하루 최선을 다할 뿐. 완전히 문제를 없애겠다, 뿌리 뽑겠다, 다시는 재발하지 않게 하겠다는 환상이 더 큰 문제들을 만들어낸다.

깊이 들여다봐야
고르게 볼 수 있다

자신을 깊이 들여다본 경험이 있는가? 나를 더 잘 이해하려면 깊숙이 들어가 찬찬히 살펴봐야 한다. 카타기리 선사는 다음과 같이 말했다.

> "인간(자기)의 삶을 깊게 이해하려면, 더 깊이 들어가야만 한다. 삶의 깊이가 곧 당신의 목적지다. 하지만 그에 집착해서는 안 된다. 그저 항상 당신의 삶 깊이 들어가라. 이것이 영적인 삶이다. 영적 훈련을 통해 당신의 삶을 깊게 할 수 있다. 당신은 인간의 삶 바닥에 무엇이 있는지 정말로 알 수 있게 된다."[41]

자신의 바닥에 무엇이 있는지를 알기 위해 부분들의 역동과 경험에 귀 기울이고 깊게 탐색할 필요가 있다. 하지만 어떠한 주제, 느낌, 감정, 생각, 감각에도 집착해서는 안 된다. 고르게, 공평하고 치우치지 않는 관심과 주의를 두어야 한다. 그래야 더 깊이 들어갈 수 있고 온전한 참나와 만날 수가 있다.

역설적으로, **우리가 자기 안을 깊게 들여다보아야 하는 이유는 어떤 것에도 매이지 않기 위해서다.** 고르게 있는 그대로 보기 위해서다. 그러기 위해서는 깊이 들어가야 한다. 관찰자가 아니라 경험자로서 직접 발을 디뎌 들어가되, 어떤 것에도 매이지 않아야 한다. 들러붙거나 붙들거나 집착하지 말아야 한다. 끝없이 들어가다 보면 바닥에 도달하게 되고 그 과정에서 당신은 참나에 대해, 허공에 대해, 빛에 대해 경험할 수 있다.

붙잡는 것과
내려놓는 것 사이

테드 창의 단편소설 〈거대한 침묵〉에는 이런 문장이 있다.

"에스퍼레이션(Aspiration)에 열망과 숨 쉬는 행위, 두 가지 뜻이 있는 것은 우연이 아니다."[42]

에스퍼레이션은 호흡 중에서도, 특히 들숨을 의미한다. 숨을 들이쉬는 것은 붙잡는 것이요, 내쉬는 것은 내려놓는 것이다. **붙잡는 것과 내려놓는 것 사이에 우리 삶이 있다.** 이 붙잡아야 할 때와 내려놓아야 할 때를 잘 알아야 삶에 호흡이 원활해진다.

희망하고 꿈꾸고 의욕을 내는 것은 중요하다. 하지만 보내야 할 것에 집착하고 매달리면 고통을 겪거나 심지어 병이 난다. 숨을 계속 들이쉬기만 할 수는 없다. 내쉬어야 다시 들이쉴 수가 있다. 완전히 내쉬고 나면 자연스레 숨이 들어온다.

우리가 살아 있다면 특별한 노력을 하지 않아도 숨이 들어온다. 삶의 기회가 한 번 더 주어지는, 놀라운 순간이다.

의욕이 과해 마음만 앞서거나 욕심으로 괴로워지는 경우에는 내쉬는 숨에 초점을 맞추어 내려놓는 연습, 비우는 연습을 하면 도움이 된다. 반면 의욕이 없고 아무것도 하고 싶지 않다면 숨을 들이쉴 때 몸 안에 에너지가 차오르고 생생하게 생명력이 느껴지는 순간을 포착하는 연습이 효과적일 수 있다. 가만히 앉아서 호흡하는 것. 그것만으로도 충분할 때가 많다.

드라마가
드라마임을 안다

나는 게을러서 안 되고 자존감이 낮아서 안 되고 머리가 나빠서 안 되고, 그런 일을 겪었기 때문에 이렇게 불행을 겪고 있고….
우리 가족은, 우리 사회는, 우리나라는 이래서 안 되고 저래서 안 되고….

그 모두가 이미 지난 일에 대한 판단에 또 하나의 판단을 얹는 '관념'에 불과하다. 관념을 떠난 실체가 없으니 그 모든 것이 내가 지어내는 드라마다. 많은 경우 자기가 드라마를 지어내어 그 안에 스스로 갇힌다. 스스로 지어낸 드라마를, 나 대신 누군가(친구/가족/연인/직장동료/선배나 스승/종교 등)가 해체해 좋은 것으로 대체해주었으면 하고 바란다. 이것은 이루어지기 어려운 바람이다.

과거에 대한 드라마 재생은 이쯤에서 멈추고, 지금 내가 할

수 있는 일에 온 마음을 다해 하는 것이 내 삶을 라이브방송
처럼 생생하게 하는 방법이다.

많은 경우 자기가 드라마를 지어내어
그 안에 스스로 갇힌다.
그리고 이것을 나 대신 누군가가 해체해
좋은 것으로 대체해주었으면 하고 바란다.
이것은 이루어지기 어려운 바람이다.

기대감에서 비롯되는
환상

잘못된 행동들은 아이러니하게도 기대감에서 온다. 여기가 아닌 다른 곳, 지금이 아닌 미래에 대한 환상에서 그릇된 행동, 그릇된 판단, 잘못된 관계들이 생겨난다.

지금,
여기에,
바로 이 사람이 살고 있다.

이 세 가지를 놓치지 않으면 당신은 늘 지혜롭게 살아갈 것이다. 당신이 다른 곳, 다른 때, 다른 사람을 찾아 도망치지 않으면, 헛된 기대감이나 허황된 약속에 속지 않고 휘둘리지 않는다. 있는 그대로 보게 된다.

나 자신에게
돌아간다는 것

우울이나 불안, 두려움이나 걱정에 사로잡혀 있는 사람의 의식 상태를 보면, 두 가지 사실이 공통적으로 발견된다. 첫째, 나와 그 '대상(혹은 문제)'이 분리되어 있다. 둘째, 주의 (attention)가 매우 좁아져 그 대상(혹은 문제)과 관련된 단서에 매우 민감해져 있다. 전체(맥락)는 사라지고 부분(내용)만 각성된 상태라 할 수 있다.

반면 깨달은 사람의 의식 상태에는 두 가지 특징이 있다. 첫째, 모든 것이 서로 연결되어 있음을 알기 때문에 나와 문제를 분리하지 않는다. 분리해서 보지 않기 때문에 판단이 일어나지 않는 것이지, 판단하지 않으려고 애쓰는 것이 아니다. 둘째, 부분이 곧 전체로 확장되어 있기 때문에 주의의 초점이 명료하면서도 광범위하다. 현재 일어나고 있는 부분(내용)에 전념하지만 전체(맥락)가 동시에 의식 안에 들어 있다.

본래 연결되어 있음, 나와 그것이 따로 있지 않음을 알 때 우리는 자신에게 돌아간다. **자신과 진정 하나 될 때는 주체도 대상도 따로 없으므로 자기를 사랑한다거나 미워한다거나 하는 것이 성립되지 않는다.** 자존감이 높다, 혹은 낮다는 것도 없다. 시원한 바람이 얼굴을 스쳐지나갈 때, 새의 지저귐이 경쾌하게 귀를 울릴 때, 예쁜 들꽃을 보며 우리가 환히 웃을 때 우리는 그것과 하나가 된다. 그것이 참나다.

오고 가는 것을
알아차려야 하는 이유

생각 하나, 말 하나, 행동 하나는 모두 자취를 남긴다. 흘러가지만 사라지는 것은 아니다. 그래서 우리에게 뜻밖의 일이 일어났다 하더라도 그것은 이미 그전의 생각 하나, 말 하나, 행동 하나의 자취들이 이어져 만들어낸 일이다.

씨앗 없는 열매 없고, 전조 없는 사건은 없다. 보지 않았을 뿐이다. 그러니 평소에 오고 가는 것을 알아차리고 이해해야 한다.

오고 가는 것 그 자체가 나는 아니지만, 나는 오고 가는 것을 통해 만들어진다.

통합의
여정

심리상담을 신청해오는 분들이 가장 원하는 것은 자기 자신에 대한 정확한 이해, 정확한 공감이다. 자신이 겪은 일, 지난 경험이 잘 받아들여지지 않기 때문에 그것을 이해하고 싶어서 상담을 찾는다. '그 일만 아니었다면 지금 내 삶이 달라졌을 텐데' '그 사람만 아니었다면 내가 이렇게 되지는 않았을 텐데' '내가 그때 그러지 않았어야 했는데, 바보처럼 왜 그랬을까?' 등등. 쳇바퀴 돌 듯 자책과 비난, 원망과 후회, 짜증과 분노가 반복되면서 생각의 감옥에 갇힌 분들이 많다.

전문지식과 학위, 다양한 자격증과 타이틀로 무장한 상담자들은 자신이 전문가로서 무언가를 제공할 수 있다고 착각하기도 한다. 그래서 생각의 감옥에서 나오는 다양한 방법들에 대해 설명하면서 나올 수 있도록 격려한다. 감옥 밖에 서서 조언하는 것이다. 내담자는 본능적으로 그것을 느낀다. 그래서 열심히 도우려는 상담자에게 고마움을 느끼기는 하지만 진정 내 상황을 이해하고 있다고는 생각하지 않는다.

생각의 감옥에서 나오지 못하는 것은 그 방법을 몰라서가 아니다. 나가는 것이 좋다는 사실을 충분히 알지 못해서도 아니다. 아직 해결해야 할 과제들이 남아 있기 때문이다. 내게 일어난 일에 대해 이해하기 어렵고 받아들이기 어렵고 소화하기 어려워서 그 일들에 붙들려 있는 것이다. 그런 사람들에게 "자, 과거는 이제 흘러갔으니 감옥 바깥으로 나갑시다. 현재에 집중해요!"라고 하는 것은 당사자들의 경험을 스스로 믿지 못하도록 하는 꼴이 된다.

상담자는 감옥 밖에서 조언을 할 것이 아니라, 내담자의 감옥으로 기꺼이 들어가야 한다. 경험을 이해하기 위해서는 같은 곳에 있어야 하는 법이다. 그 안에 같이 머물러서 내담자가 붙들고 있는, 혹은 붙들려 있는 과제들을 함께 풀어야 한다. '왜 나한테 그런 일이 일어났지?' '왜 나는 아직도 이러고 있지?' '왜 나는 계속 같은 자리를 맴돌고 있지?'와 같은 질문들을 함께 통과해야만 한다.

무엇이 그 사람으로 하여금 감옥 안으로 들어가게 했는지, 그 감옥은 어떻게 생겼는지, 감옥 안의 삶이 어떠했는지 하나하나 함께 이야기 나누는 것이다. 그러다 보면 마음에 맺힌 상처가 서서히 빛이 되어간다. 그 과정에서 자기 자신을 더 깊게 이해하게 되고 삶의 미스터리가 상당 부분 풀린다.

우치야마 선사는 "우리 삶의 경험이 곧 마음"[43]이라고 했다. 삶에서 일어난 모든 일들은 우리 뇌의 신경망을 재배선하고 세포와 기타 물질들에 영향을 미친다. 경험이 뇌를 바꾸고 몸과 마음을 만들어간다고 해도 과언이 아니다. 작은 일 같지만 그것들이 쌓여 나 자신이 되는 것이다. 하나의 말과 행동, 하나의 사건 혹은 만남이 결코 사소할 수 없는 이유다.

직접 상담자를 찾아가는 상담만 그런 게 아니다. 책을 통해 자신을 들여다보는 것도 마찬가지다. 아직 풀리지 않은 미스터리들, 받아들이기 힘든 경험들의 의미를 해독하는 작업이다. 그 과정으로 인해 '마음에 들지 않는 나' '형편없는 나' '모자란 나'의 뒷면에 또 다른 '나'가 있다는 것을 실감하게 된다. 그러면 자연스럽게 관점이 바뀐다. 더 이상 자기 자신의 어떤 부분들을 지긋지긋해하면서 떼어내 버리려고 애쓰지 않게 된다. **내게 일어난 일들을 있는 그대로 받아들이고 여기저기 흩어진 조각들을 하나하나 보듬어 안고, 커다란 자기 자신으로 통합해가는 여정이 시작된다.** 이 변화는 늘 감동적이고 경이롭다.

망설임 없이
완전히

우리는 스스로 현실에 살고 있다고 여기지만, 많은 경우 자기 머릿속에 산다.

'현실적으로 말해서'라고 말은 쉽게 하지만, 판단과 기대에서 나오는 말이지 진짜 '현실'은 아니다. 현실은 있는 그대로 말해질 수 없고 있는 그대로 들을 수도 없다. 말하는 자의 필터를 통해 나온 말은, 듣는 자의 필터를 거쳐 들어간다. 어느 누구도 현실을 말할 수 없고 들을 수 없다. 말과 생각으로는 현재를 포착할 수 없다.

따라서 안팎으로 나오는 말들은 모두 과거, 혹은 미래다. 판단이 과거에 대한 생각이라면, 기대는 미래에 대한 생각이다. 그러니 짧은 순간이라도 현재의 삶에 깨어 있으려면, 말과 생각을 모두 내려놓아야 한다. 만약 당신이 아무런 판단과 기대 없이 지금 하고 있는 것에 전념할 수 있다면, 지금 이 순간과 완전히 하나가 된다. 과거로도, 미래로도 가지 않고 현재에 오롯이 빛나게 된다.

삶의 의미나 목적, 내가 살아가는 이유, 진짜 자신에 대해 알고 싶다며 많은 사람들이 생각에 생각을 거듭한다. 그런데 그 길은 결코 '생각'에 있지 않다. '나'에 대해 자꾸 생각할수록 더 혼란스러워지고 더 멀어진다. 아무리 멋진 말로 규정하고 그럴듯하게 표현해도, 그런 생각에는 당신이 들어 있지 않다. 이런가? 하면 저런 모습이 튀어나오고, 저런가? 하면 또 다른 모습이 튀어나온다. 삶은 끊임없이 변하고 '나'라고 하는 것도 시간의 흐름과 다르지 않다. 그런데 생각으로 나를 만들고, 삶을 규정하고 통제하려 하다 보니 점점 머리는 복잡해지고 삶은 길을 잃는다. 두 발이 허공에 떠서 과거를 후회하거나 미래에 대한 공상에 빠진다.

우리에게 주어진 이 현실에 전념할 때, 온전히 매순간을 살 때 참된 자신이 드러난다. **우리는 하나의 촛불이다. 더 이상 두리번거리지 말고, 망설임 없이 완전 연소해야 한다. 탁! 불을 켜고 지금까지 짊어지고 온 것들을 바로 지금, 이 삶에서 완전히 태워야 한다.** 그렇게 온 마음을 다해 살아가는 순간에 당신의 참모습이 있다. 지금 여기에 없다면, 어디에도 없다.

과거의 일들이 '나'라고 하는 사람을 만들었듯, 지금 이후의 경험들이 또 '나'를 만들어갈 것이다. 삶이라는 드라마의 시작 부분을 바꿀 수는 없지만, 엔딩을 바꿀 수는 있다. 눈, 귀, 코, 혀, 몸, 생각. 우리는 이 안에 산다. 그것이 우리 몸과 마음에 일어나는 일들을 면밀히 검토해야 하는 이유다. 그렇게 우리는 하루하루 자신을 만들어간다.

취약하기에
우리는 연대를 맺는다

이 책의 이야기들은, 내가 만난 많은 스승들로부터 나온 것이다. 돌아보면 길모퉁이마다 스승들이 서 계셨다. 많은 경우, 그들이 스승임을 알지 못한 채 덤벼들거나 미워하거나 함부로 평가하고 판단하는 어리석음을 범했다. 스승들은 이미 내 주위에 가득했는데, 나는 제대로 된 스승 하나 없다며 불평해왔다. 무지에 가려, 있는 것도 제대로 보지 못한 것이다. 그간 내가 휘둘렀던 칼 때문에, 많은 스승들이 뒤로 물러나거나 등 돌리는 일이 되풀이되었다. 나는 그분들의 그릇이 작다고 스스로 합리화하면서도 나의 공격성을 어떻게 이해하고 풀어야 할지 알지 못했다.

그러던 어느 날, 내 공격을 받고도 나를 공격하지 않는 분을 만났다. 그분은 방어하지도 않았고 회피하지도 않았다. 다만 내가 한 말로 인해 자신이 경험한 감정을 담담히 말할 뿐이었다. 그게 다였다. 그런데 매우 놀랍게도 그 순간 내 안에서 날카로운 통증이 느껴졌다. 내 공격적인 말로 인해 상대가 경험한 아픔이 내 몸에서 똑같이 느껴졌다. 그런 경험은 처음이었다. 순간 나는 완전히 무장 해제되었다. 다른 때와 달리 방어하거나 내 입장을 합리화할 필요가 없었다. 비로소 나는 있는 그대로의 나를 볼 수 있었고, 나의 공격성이 어떤 취약성에서 비롯되었는지 깨달을 수 있었다. 그날 밤 나는 눈물을 많이 흘렸다. 그분과의 경험을 통해 나와 타인이 둘이 아니라는 것, 가해자와 피해자가 따로 없다는 것이 무슨 말인지를 체득하게 되었다.

페마 초드론은 다음과 같이 말한 적이 있다.

> "영혼의 친구는 당신의 존재를 인정해주는 것이 아니라 당신이 지금 어느 부분에서 막혀 있는지 보여주는 거울 같은 역할을 하는 존재다."[44]

무조건 칭찬하고 응원하면서 듣기 좋은 말을 하는 자가 아니라, 자신의 취약한 면, 감춰왔던 모든 것을 보게 하는 존재가 진짜 친구다. 거울에 드러난 내 모습이 밉다고 거울을 깨버리지 말고, 그 모습을 정확히 들여다보고 나의 일부로 따뜻하게 받아들여야 한다. 그 과정에서 우리는 자신을 진정으로 이해하고 화해할 수 있으며, 이는 또한 자기 자신과 깊이 연결되는 매우 중요한 방법이기도 하다.

모든 사람은 이미 온전하다. 치명적인 문제가 있어서, 과거의 피해자여서 상담자를 만나러 오는 것이 아니다. 그들은 자신의 삶을 이해하기 위해 온다. 상담을 하면서 나와 아예 다르거나 이해할 수 없는 이상한 사람은 단 한 번도 본 적이 없다. 그분들은 늘 내 일부였고, 그들의 고통은 우리의 고통이었다. 누군가에게 자신의 민낯을 보인다는 것은 종종 힘겹고 불편하게 느껴지지만, 참된 만남은 그런 불편함을 동반하는 것이다. 상처와 좌절의 의미에 대해, 삶의 미스터리에 대해 이야기 나누는 과정을 통해 우리는 자신의 일부로서 서로를 만난다. 우리에게 취약성이 없다면 애초에 관계라는 것이 불필요했을 것이다. 취약하기에 우리는 연대를 맺는다. 그리고 취약성을 통해 나와 타인이 둘이 아님을 깨달을 수 있다. 우리는 서로에게 커다란 거울이다.

그동안 뒤늦은 공부를 하느라 부산했던 나를 묵묵히 지원해준 가족들에게 감사드린다. 아버지, 어머니, 윤주와 윤주 아빠. 모두가 나를 믿고 기다려준 덕분에 무사히 과정을 마쳤다. 그리고 석사과정, 박사과정 내내 함께해준 나의 단짝 이영림 선생님에게 감사드린다. 힘든 시절 가장 큰 힘이 되어주었던 계수 언니, 미연 언니에게도 감사드린다. 소중한 친구들과 가족이 없었다면 여기까지 오지 못했을 것이다.

논문의 ABC도 모르던 나를 꼼꼼하게 지도해주신 용문상담심리대학원대학교의 양혜정 교수님께도 감사드린다. 교수님이 아니었다면 석사과정을 무사히 마무리하지 못했을 것이다. 그분은 내가 흔들릴 때마다 조용히 믿어주셨고 특별히설득하거나 조언하려고도 하지 않으셨다. 그분의 단단한 미소는, 지금까지의 내 여정에 있어 등불과 같은 것이다. 차 의과학대학교 대학원과 인연을 맺게 해주신 강민철 교수님과, 박사과정을 지도해주신 윤정혜 교수님께도 감사드린다. 두분 다 마음이 넉넉하신 분들로, 늘 받기만 했는데 언젠가 꼭돌려드리고 싶다. 삶에 대해, 상담에 관해 무엇이든 얘기 나눌 수 있는 좋은 벗이자 스승인 레모네이드 심리상담연구소의 소장, 조성훈 교수님께도 감사드린다. 교수님을 통해 내면가족체계치료IFS를 알게 되었다. IFS는 자기 내면을 들여다보고 이해할 수 있게 돕는 매우 효과적인 접근법인데, 내게는 상담심리학 이론과 불교적 관점을 매끄럽게 연결할 수 있는 접점을 찾아내는 데 결정적 계기를 제공했다.

지금까지 나를 지지해준 분들과, 나를 미워했던 분들 모두에게 깊은 감사의 인사를 올린다.

1. 김현. (2015). 행복한 책읽기. 문학과 지성사, p.131.

2. Suzuki, S. (2003). *Not always so: Practicing the true spirit of Zen.* HarperOne. pp.36-37.

3. Suzuki, S. (2003). *Not always so: Practicing the true spirit of Zen.* HarperOne. p.152.

4. 나탈리 골드버그 저, 권진욱 역. (2000). 뼛속까지 내려가서 써라. 한문화, p.216.

5. Higgins, E. T. (1998). Promotion and prevention: Regulatory focus as a motivational principle. *Advances in experimental social psychology*, *30*, 1-46.

6. Ferrante, E. (2016). *Frantumaglia: A Writer's Journey.* Europa Editions. p.80.

7. Mourby A. (2017). *Rooms of One's Own: 50 Places That Made Literary History.* Icon Books.

8. Hanh, T. N. (2010). *Peace is every step: The path of mindfulness in everyday life.* Random House.

9. 페마 초드론 저, 이재석 역. (2015). 지금 있는 곳에서 시작하라. 한문화, p.96.

10. 김현. (2015). 행복한 책읽기. 문학과 지성사, p.215.

11. 장-미셸 우구를리앙 저, 김진식 역. (2018). 욕망의 탄생. 문학과 지성사, p.293.

12. 르네 지라르 저, 김진식 역. (2007). 그를 통해 스캔들이 왔다. 문학과 지성사, p.22.

13. 변지영. (2014). 항상 나를 가로막는 나에게. 카시오페아, pp.86-87.

14. 르네 지라르 저, 김진식 역. (2004). 나는 사탄이 번개처럼 떨어지는 것을 본다. 문학과 지성사, p.26.

15. 르네 지라르 저, 김치수, 송의경 역. (2001). 낭만적 거짓과 소설적 진실. 한길사, p.145.

16. 백상현. (2017). 라깡의 인간학. 위고, p.154.

17. 장-미셸 우구를리앙 저, 김진식 역. (2018). 욕망의 탄생. 문학과 지성사, p.129.

18. 장-미셸 우구를리앙 저, 김진식 역. (2018). 욕망의 탄생. 문학과 지성사, p.139.

19. Loori, J. D. (Ed.). (2004). *The art of just sitting: essential writings on the Zen practice of Shikantaza*. Wisdom Publications. p.198.

20. 변지영. (2017). 내 마음을 읽는 시간. 더퀘스트, 3장.

21. Katagiri, D. (2017). *The Light that Shines through Infinity*. Shambhala Publications. p.47.

22. Katagiri, D. (2017). *The Light that Shines through Infinity*. Shambhala Publications. p.211.

23. Tanahashi, K. (Ed.). (2013). *Treasury of the True Dharma Eye: Zen Master Dogen's Shobo Genzo*. Shambhala Publications. p.81.

24. 존 바그 저, 문희경 역. (2019). 우리가 모르는 사이에. 청림출판. p.437.

25. Neal, D. T., Wood, W., Wu, M., & Kurlander, D. (2011). The pull of the past: When do habits persist despite conflict with motives?. *Personality and Social Psychology Bulletin, 37*(11), 1428-1437.

26. Stern, C., Cole, S., Gollwitzer, P. M., Oettingen, G., & Balcetis, E. (2013). Effects of implementation intentions on anxiety, perceived proximity, and motor performance. *Personality and Social Psychology Bulletin, 39*(5), 623-635.

27. Gallo, I. S., McCulloch, K. C., & Gollwitzer, P. M. (2012). Differential effects of various types of implementation intentions on the regulation of disgust. *Social cognition, 30*(1), 1-17.

28. Adriaanse, M. A., de Ridder, D. T., & de Wit, J. B. (2009). Finding the critical cue: Implementation intentions to change one's diet work best when tailored to personally relevant reasons for unhealthy eating. *Personality and social psychology bulletin*, 35(1), 60-71; Cohen, A. L., Bayer, U. C., Jaudas, A., & Gollwitzer, P. M. (2008). Self-regulatory strategy and executive control: Implementation intentions modulate task switching and Simon task performance. *Psychological Research*, 72(1), 12-26; Holland, R. W., Aarts, H., & Langendam, D. (2006). Breaking and creating habits on the working floor: A field-experiment on the power of implementation intentions. *Journal of Experimental Social Psychology*, 42(6), 776-783.

29. Verplanken, B. (2006). Beyond frequency: Habit as mental construct. *British Journal of Social Psychology*, 45(3), 639-656.

30. Mann, T., De Ridder, D., & Fujita, K. (2013). Self-regulation of health behavior: social psychological approaches to goal setting and goal striving. *Health Psychology*, 32(5), 487-498.

31. Trope, Y., & Liberman, N. (2010). Construal-level theory of psychological distance. *Psychological Review*, 117(2), 440-463.

32. Bar-Anan, Y., Liberman, N., & Trope, Y. (2006). The association between psychological distance and construal level: evidence from an implicit association test. *Journal of Experimental Psychology: General*, 135(4), 609-622.

33. Fujita, K. (2008). Seeing the forest beyond the trees: A construal-level approach to self-control. *Social and Personality Psychology Compass*, 2(3), 1475-1496.

34. Fujita, K., & Carnevale, J. J. (2012). Transcending temptation through

abstraction: The role of construal level in self-control. *Current Directions in Psychological Science*, *21*(4), 248-252.

35. Fujita, K., Trope, Y., Liberman, N., & Levin-Sagi, M. (2006). Construal levels and self-control. *Journal of personality and social psychology*, *90*(3), 351-367.

36. Freitas, A. L., Salovey, P., & Liberman, N. (2001). Abstract and concrete self-evaluative goals. *Journal of personality and social psychology*, *80*(3), 410-424.

37. Howell, J. L., & Shepperd, J. A. (2012). Reducing information avoidance through affirmation. *Psychological science*, *23*(2), 141-145; Trope, Y., & Neter, E. (1994). Reconciling competing motives in self-evaluation: the role of self-control in feedback seeking. *Journal of personality and Social Psychology*, *66*(4), 646-657.

38. Watkins, E., Moberly, N. J., & Moulds, M. L. (2008). Processing mode causally influences emotional reactivity: Distinct effects of abstract versus concrete construal on emotional response. *Emotion*, *8*(3), 364-378.

39. Sieber, W. J., Rodin, J., Larson, L., Ortega, S., Cummings, N., Levy, S., et al. (1992). Modulation of human natural killer cell activity by exposure to uncontrollable stress. *Brain, behavior, and immunity*, *6*(2), 141-156.

40. Tanahashi, K., & Levitt, P. (Eds.). (2013). *The essential Dogen: Writings of the great Zen master*. Shambhala Publications. p.62.

41. Katagiri, D. (2017). *The Light that Shines through Infinity*. Shambhala Publications. p.12.

42. Chiang, T. (2019). *Exhalation*. Knopf.

43. Loori, J. D. (Ed.). (2004). *The art of just sitting: essential writings on the*

Zen practice of Shikantaza. Wisdom Publications. p.60.

44. 페마 초드론 저, 이재석 역. (2015). 지금 있는 곳에서 시작하라. 한문화, p.272.

내가 좋은 날보다 싫은 날이 많았습니다

초판 1쇄 인쇄 2020년 6월 18일 **초판 1쇄 발행** 2020년 6월 26일

지은이 변지영
펴낸이 박지수

펴낸곳 비에이블 **출판등록** 2020년 4월 20일 제2020-000042호
주소 서울시 성동구 연무장11길 10 우리큐브 283A호(성수동2가)
이메일 b.able.publishers@gmail.com

ⓒ 변지영, 2020
값 15,000원
ISBN 979-11-970352-8-9 03180